ANDREA SCHABBAUER

Frische Gartenküche

Dieses Buch
widme ich meinem
Mann Wolfgang und
unseren Kindern
Florian, Matthias
und Elisabeth.

ANDREA SCHABBAUER

Frische Gartenküche

REZEPTE FÜR JEDE JAHRESZEIT

Mit Fotografien von Rita Newman

Löwenzahn

Inhalt

Frühling

Sommer

S. 71

S. 80

S. 88

S. 132

S. 134

Herbst

S. 142

S. 160

S. 168

Winter

S. 234

Vorwort & Biografie

Es freut mich, dass Sie mein Kochbuch *Frische Gartenküche* in Ihren Händen halten. Nicht jeder hat im Leben das Glück, ein Kochbuch schreiben zu dürfen!

Das letzte Jahr war ich intensiv mit den Arbeiten zu diesem Buch beschäftigt und mit mir natürlich auch meine Familie, bestehend aus meinem Mann und unseren drei Kindern. Die Speisen für die Fototermine mit Rita Newman waren vorzubereiten. Weiters waren die Rezepte klar und verständlich mit den passenden Mengen niederzuschreiben und dann die zusätzlichen Texte zu formulieren. Nebenbei haben wir immer wieder fleißig das frisch geerntete saisonale Obst und Gemüse verarbeitet, um die Rezepte und speziell die Mengen zu perfektionieren.

Der Grundstock zu meinen Kochambitionen wurde wohl schon in der Schule gelegt, wo ich die Fachmatura in Betriebsküchenführung absolvierte, jedoch auch durch meine Mutter und Großmutter, die engagierte Gärtnerinnen und Köchinnen waren.

Hineingeboren in eine alteingesessene Wiener Gärtnerfamilie habe ich ziemlich bald nach der Matura beim Auktionshaus H.D. Rauch für Münzen und Briefmarken am Wiener Graben zu arbeiten begonnen, wo ich heute noch an zwei Tagen in der Woche tätig bin. Nachdem die Kinder nicht mehr so klein waren, hat mich mein Bruder vor nunmehr zehn Jahren in die Gärtnerei zurückgeholt, die er von den Eltern übernommen hat. Dort produzieren wir im Frühling Beet- und Balkonblumen, Kräuter und Gemüsepflanzen und im Sommer die unterschiedlichsten Blattsalate – besonders Eissalat – für den heimischen Markt. Oft werde ich von Kunden gefragt, wofür man das eine oder andere Küchenkräutlein verwenden kann. Daher habe ich hier versucht, einige Anregungen zu geben.

Ich finde es herrlich, in meinen Garten hinauszugehen, die frischen Kräuter, Beeren oder das Gemüse zu ernten und sogleich Köstlichkeiten daraus zu machen. Das gibt den Gerichten einen besonderen Touch. Doch auch wenn Sie keinen Garten besitzen, kann vieles in Töpfen am Balkon oder auf der Fensterbank gezogen werden.

Es handelt sich hier um kein vegetarisches Kochbuch. Es ist eine bunte Mischung aus allen Bereichen, wobei der Sommer und der Herbst naturgemäß die größten Kapitel darstellen. Für den Kürbis finden Sie besonders viele schmackhafte Rezepte. Auch wenn Sie nur einen einzigen mittelgroßen Kürbis ernten, ist es praktisch, viele verschiedene Anregungen für die Verarbeitung, egal ob salzig oder süß, zur Hand zu haben. So wird der extrem wandlungsfähige Kürbis bestimmt nicht langweilig!

Im Winter hilft man sich mit eingelagerten, haltbar gemachten oder tiefgekühlten Gemüsen und Gartenfrüchten. So lässt sich ein vielfältiger Vorrat zusammenstellen und die Abwechslung geht trotzdem nicht verloren.

Die Rezepte sind eine sorgfältige Auswahl vor allem aus meinem eigenen bewährten und familiären Repertoire über moderne und kreative Komponenten bis hin zu Klassikern der Gartenküche.

Das Thema *Frische Gartenküche* ist aktueller denn je. Genießen Sie das reichhaltige heimische Obst und Gemüse. Es ist Balsam für Ihren Körper!

Gemüse hält gesund und Gemüse macht fit!
Man muss es nur essen!

Was früher ganz selbstverständlich war, ist heute zu etwas Besonderem geworden: die Verwendung von selbst geernteten Produkten, sei es Gemüse, Kräuter oder Obst, aus Ihrem eigenen Garten, von Ihrem Balkon oder generell aus Ihrer Region. Lebensmittel frisch zu verarbeiten und daraus gleich köstliche Gerichte zu zaubern oder zum Aufbewahren vorzubereiten, liegt voll im Trend. »Cook in raw« im Sinne von »zurück zur Natur« ist das Schlagwort der heutigen Zeit: möglichst frisch, naturbelassen, bodenständig, modern und doch auch etwas altmodisch zugleich.

Man besinnt sich sozusagen wieder auf die einfachen Dinge, nicht zuletzt mit dem Ziel, dass auch unsere heranwachsenden Kinder einen normalen und natürlichen Zugang zum Ursprung unserer Lebensmittel haben sollen.

Im Rhythmus der Jahreszeiten zu leben, zu kochen, ist von großer Bedeutung. Was wächst in unserer Region? Was wird wann geerntet? Wie verwende und verwerte ich die frischen Lebensmittel? Die Auswahl an Produkten verändert sich übergreifend von einer Jahreszeit zur nächsten und bringt automatisch Abwechslung in den Speiseplan! Die Vielfalt wird einem so praktisch in den Schoß gelegt! Im Sommer und Herbst kann der Tisch reichlich aus dem Garten gedeckt werden. Das Angebot an diversen Früchten ist in dieser Zeit besonders groß – Sie bekommen die volle Vielfalt frisch, knackig und vitaminreich direkt vom Garten auf den Teller.

Selber mit saisonalen Produkten und Zutaten zu kochen, ist auch ökologisch verträglich. Es lohnt sich in mehrfacher Hinsicht:

- Sie wissen genau, was drinnen ist (wichtig auch bei den zunehmenden Unverträglichkeiten),
- es schmeckt einfach besser und
- Sie sparen Verpackung und halten Ihren Abfall klein!

Nicht zuletzt handelt derjenige verantwortungsvoll und ressourcenschonend, der die Speisen selbst zubereitet, anstatt einfach Fertigprodukte zu kaufen. Alles zu verwerten, nichts verderben zu lassen und noch dazu die energiesparende Zubereitung, wäre das perfekte Ziel.

Fleisch aus artgerechter heimischer Tierhaltung bzw. heimischer Fisch, der nicht aus leer gefischten Meeren kommt, sind ausschlaggebende Kriterien, die beim Einkauf und bei der Zubereitung jeder für sich selbst steuern kann.

Die nachfolgenden Rezepte sind ein kleiner Auszug der üppigen Gartenküche, den ich für Sie sorgfältig zusammengestellt und aufbereitet habe. Es geht dabei nicht um komplizierte Gerichte mit luxuriösen Zutaten, sondern um einfache, leicht zu verwendende Rezepte, die man alle Tage – je nach jahreszeitlicher Ernte – mit wenig Zeitaufwand umsetzen kann. Sehen Sie es als Anregung, vitalstoffreiche und so köstliche Gemüse in den Mittelpunkt Ihrer Ernährung zu stellen!

Kleine Information für die
Verwendung von Ölen

Die Auswahl an hochwertigen Pflanzenölen ist groß. Doch welches Speiseöl eignet sich gut für die Bratpfanne und welches entfaltet sich am besten im Salat?

Grundsätzlich entscheidend für Charakter und Qualität der Öle und Fette ist die Zusammensetzung ihrer Fettsäuren. Pflanzliche Öle enthalten vor allem ungesättigte Fettsäuren und sind daher von Natur aus flüssig – im Unterschied zu den tierischen Fetten, die hauptsächlich aus gesättigten Fettsäuren bestehen und daher eher fest sind. Diese gesättigten Fettsäuren wirken sich schlecht auf unseren Fettstoffwechsel und somit auf unser Herz-Kreislauf-System aus. Hingegen beeinflussen die ungesättigten Fettsäuren in den Ölen die Blutfette positiv. Zwei Drittel unserer Fettzufuhr sollten daher besser durch diese guten, ungesättigten Fettsäuren aus Pflanzenölen abgedeckt werden.

Beim Kochen verändert sich das Fett durch die Erhitzung. Die Fettsäurezusammensetzung entscheidet über die Hitzestabilität eines Öls und je höher der Rauchpunkt liegt, desto hitzebeständiger ist es. Wenn das Fett diesen Rauchpunkt erreicht hat, zerfallen die Fettsäuren. Es entstehen gesundheitsschädliche Zersetzungsprodukte, die unserem Körper nichts Gutes tun!

Öle in raffinierter Form wie Rapsöl, Maiskeimöl oder Sonnenblumenöl sind fürs Braten, Backen, Dünsten oder Frittieren geeignet.

Schonend kaltgepresste, also naturbelassene (native), nicht raffinierte Öle haben einen individuellen, besonders aromatischen Geschmack und eine pflanzenspezifische Eigenfarbe, die von gelb bis grün reicht. Sie werden keinem chemischen Reinigungsprozess unterzogen. Man kann sie für alle möglichen Salate, für Rohkost, Vorspeisen und Pestos bestens verwenden oder man träufelt sie über fertige, warme Speisen. Bewahren Sie diese Öle möglichst kühl und dunkel beziehungsweise gleich im Kühlschrank auf.

Sollte man nun wegen der Omega-3-Fettsäuren mehrmals die Woche Fisch auf den Speiseplan setzen? Wenn Sie die schon fast vergessenen Sorten Hanföl und Leindotteröl zu Hause haben, decken Sie schon eine ganze Menge der essenziellen, also vom Körper nicht herstellbaren, wertvollen Fette ab.

- **Rapsöl** weist in raffinierter Form eine sehr hohe Hitzebeständigkeit auf. Es besteht aus überwiegend einfach ungesättigten Fettsäuren, ist daher zum Braten und Backen besonders gut geeignet. Kaltgepresstes Rapsöl hat eine kräftige Farbe und einen leicht nussigen Geschmack. Nehmen Sie heimisches Rapsöl.

- **Maiskeimöl** eignet sich sehr gut zum Braten und Frittieren, da es einen hohen Rauchpunkt hat. Es ist eines der geruchs- und geschmackneutralsten Öle.

- **Sonnenblumenöl** wird raffiniert und kaltgepresst angeboten. Ersteres ist nicht ganz so hitzestabil, da es aus überwiegend mehrfach ungesättigten Fettsäuren besteht; es gehört zu den relativ geschmacksneutralen Ölen. Kaltgepresstes Sonnenblumenöl hat einen angenehmen Eigengeschmack und eine intensiv gelbe Farbe.

- **Olivenöl** wird aus den ganzen Früchten schonend gepresst. Aus einem Olivenbaum gewinnt man von 20 kg Ertrag 2–3 l Olivenöl. Es gehört zu den Basisölen in unseren Küchen. Sie können Olivenöl bis zu 230 °C erhitzen (natives Olivenöl extra bis ca. 180 °C). Die erste Kaltpressung bezeichnet man als natives Olivenöl extra, die weitere Kaltpressung als natives Olivenöl.

- **Kürbiskernöl** mit seinem typisch nussigen, intensiven Geschmack und der dunkelgrünen Farbe ist aus unserer Küche nicht mehr wegzudenken. Ein gutes Kürbiskernöl ist naturbelassen, eine besondere Vitamin-E-Quelle und optimal für Salate und Kaltspeisen. Aufgrund des niedrigen Rauchpunktes darf es nicht über 120 °C erwärmt werden, daher ist es zum Kochen und Braten nicht geeignet!

- **Leinöl** wird aus den Leinsamen gewonnen. Der Anteil an Linolensäure (einer Omega-3-Fettsäure) ist extrem hoch, Vitamin K ist erwähnenswert. Kaltgepresstes Leinöl hat einen sehr charakteristischen Eigengeschmack. Es wird entweder für kalte Gerichte verwendet, in warme Speisen eingerührt oder täglich ein Schlückchen pur getrunken. Die eher klein gehaltenen Flaschen werden prinzipiell nur im Kühlschrank aufbewahrt. Aufgrund seiner Empfindlichkeit gegenüber Sauerstoff würde es andernfalls nach kurzer Zeit ranzig werden.

- **Hanföl** wird aus den Samen der Hanfpflanze kaltgepresst. Es bietet ein bestens ausgewogenes Verhältnis zwischen den essenziellen Fettsäuren, nämlich der Linolsäure (eine Omega-6-Fettsäure) und der Alpha-Linolensäure (eine Omega-3-Fettsäure), hat eine leicht grünliche Farbe und einen krautartig bis nussartigen Geschmack. Dunkel und kühl gelagert, ist Hanföl bis zu 9 Monate haltbar. Braten und Kochen können Sie damit nicht.

- **Leindotteröl** wird kaltgepresst aus den Samen des Leindotters *(Camelina sativa)*, einer gelb blühenden alten Kulturpflanze, die schon den Kelten als Ölpflanze bekannt war. Das Öl hat einen extrem hohen Anteil an Omega-3-Fettsäuren, eine grasgrüne Farbe und vom Geschmack ist es mild und angenehm. Leindotteröl ist länger haltbar als Leinöl (ca. 9 Monate), es handelt sich dabei jedoch um eine ganz andere Pflanze als bei Leinöl!

- **Mohnöl** besitzt einen sehr hohen Linolsäure-Gehalt, eine mehrfach ungesättigte Fettsäure. Es hat ein feines, leicht herbes Aroma, das je nach Typ – ob Graumohn-, Blaumohn- oder Weißmohnöl in unterschiedlicher Intensität wirkt. Als Vitamin-E-reiches Gourmetöl ist es speziell auf Salaten einsetzbar.

- **Mariendistelöl** wird aus den Samen der Mariendistel (*Silybum marianum*) gewonnen, enthält über 50 % Linolsäure (Omega 6), eine mehrfach ungesättigte Fettsäure. Mariendistelöl ist ein im Geschmack mildes Öl, das man für Rohkost, Salate und in der kalten Küche verwendet. In der Volksheilkunde wird es bei Leber- und Gallenbeschwerden eingesetzt.

- **Distelöl**, auch Safl:öl genannt, wird – im Gegensatz zu Mariendistelöl – aus der Pressung der zerkleinerten Samen der Färberdistel (*Carthamus tinctorius*) gewonnen. Es hat einen besonders hohen Linolsäuregehalt. Der spezielle Geschmack eignet sich ideal für die kalte Küche. Distelöl sollte besser nicht erhitzt werden.

- **Walnussöl** aus Kaltpressung zählt zu den wertvollsten heimischen Ölen. Es hat einen sehr hohen Anteil an mehrfach ungesättigten Fettsäuren. Das wunderbar nussige Aroma kann sich in Salaten gut entfalten, auch für süße Speisen eignet es sich gut. Wem der Geschmack zu intensiv ist, der mischt es mit einem neutral schmeckenden Öl wie Sonnenblumen- oder Maiskeimöl.

Es ist also von Vorteil, die verschiedensten Öle in der Küche zu haben und diese je nach Bedarf einzusetzen. Eine Abwechslung ist vom ernährungsphysiologischen Standpunkt aufgrund der unterschiedlichen Fettsäurezusammensetzungen einfach wichtig.

Basensuppe
als Grundrezept für Gemüsebrühe

1/4 Sellerieknolle
1/2 Stange Porree
1 Petersilwurzel oder
1 Pastinake
3–5 Karotten und/oder
Möhren (gelbe Rüben),
je nach Größe
1 Erdapfel
1,5 l Wasser
1 Bund Petersilie
Salz
evtl. Pfefferkörner
evtl. Wacholderbeeren

1. **Gemüse putzen,** in grobe Stücke schneiden und in einem hohen Topf mit dem Wasser und den Gewürzen 45 Minuten leicht köcheln lassen, salzen und anschließend abseihen.

2. **Diese Gemüsebrühe** ist auf Vorrat im Kühlschrank 2–3 Tage haltbar, sie lässt sich aber auch gut einfrieren und ist dann stets griffbereit fürs Kochen. Sie kann auch als Basensuppe getrunken werden, um der Übersäuerung des Körpers entgegenzuwirken.

3. **Die Zusammenstellung** des Gemüses für die Suppe richtet sich vor allem nach dessen Verfügbarkeit und ist natürlich individuell abänderbar.

Sehr praktisch ist es, immer wieder selbstgemachte klare Suppe (Gemüsebrühe) in Reserve zu haben. Sie ist mit wenig Arbeitsaufwand – also fast im Vorbeigehen – herzustellen und Sie können auf diese Weise auf fertige Gemüsewürfel ruhig verzichten.

Mit einem Dampfgarer gelingt es besonders schonend und geschmacksintensiv.

FRÜHLING

Rucola-Dip

100 g Rucola
150 g Magertopfen
200 g Sauerrahm
3 EL Olivenöl
Salz
Pfeffer

❦

1. **Rucola waschen** und trockentupfen. Einige Blätter für die Deko zurückbehalten.

2. **Rucola grob schneiden** und mit Topfen, Sauerrahm und Olivenöl glattrühren, mit Salz und Pfeffer würzen und mit den restlichen Rucolablättern dekorieren.

   Als Aufstrich oder zum Eintauchen für Gemüse-Sticks, passt auch zu Erdäpfeln!

Kräuter-Bärlauch-Topfen

20 g Kräuter
(wie Kerbel, Pimpinelle, Ysop,
Schnittlauch, Petersilie)
20 g Bärlauch
250 g Topfen (20 % F.i.T.)
2 EL Gervais
1 TL Senf
Salz
weißer Pfeffer

❦

Kräuter zum Garnieren

❦

1. **Kräuter und Bärlauch** waschen, trockentupfen und fein schneiden.

2. **Topfen und Gervais** mit Kräutern und Bärlauch verrühren, mit Senf, Salz und Pfeffer würzen.

3. **Mit Kräutern** garniert servieren.

Bärlauchpesto

250 g Bärlauch
250 ml kaltgepresstes Olivenöl
Salz
Pfeffer
1 Prise Muskatnuss
40 g Walnüsse, gehackt
40 g Parmesan, frisch gerieben

etwas Öl und Salz zum
Luftdicht machen

1. **Bärlauch gut waschen,** Stiele entfernen, trockentupfen und klein schneiden. Im Mörser (wer es puristisch haben will) oder im Mixer unter langsamer Zugabe des Öls zu Pesto pürieren. Es soll eine breiartige Masse entstehen, die kein Öl mehr aufnimmt, daher variiert die Ölmenge nach Bedarf. Mit Salz, Pfeffer und 1 Prise Muskatnuss würzen. Walnüsse und Parmesan mitmörsern bzw. -pürieren (verringert die Haltbarkeit).

2. **Mithilfe eines Teelöffels** in kleine Twist-Off-Gläser füllen, mit Öl und etwas Salz bedecken und verschließen. Das Pesto hält sich im Kühlschrank mehrere Wochen.

Verwendung: für Nudelgerichte, jedoch auch für Salatdressings oder Risotto.

Wenn Sie die Walnüsse und den Parmesan vorerst weglassen, können Sie das Pesto gut gekühlt bis zur nächsten Bärlauchsaison im Vorrat halten! Die Nüsse und den Parmesan gibt man einfach kurz vor dem Gebrauch dazu.

Bärlauch regt den Stoffwechsel an und wirkt gegen Frühjahrsmüdigkeit; er schützt auch vor Arterienverkalkung. Übrigens fressen die Bären nach dem Winterschlaf erst einmal ordentlich Bärlauch, um den Darm in Schwung zu bringen!

Kohlrabirohkost
mit Haselnüssen und Wildkräutern

3 Kohlrabi
(mit jungen Blättern)
1 Handvoll Wildkräuter
(Brennnesselspitzen und
junge Löwenzahnblätter)
3 EL Haselnusskerne, gehackt

❧

Für die Sauce
1 EL Zitronensaft
1 Prise Salz
1 Prise Kümmel, gemahlen
1 Msp. Muskatnuss, gerieben
1 EL kaltgepresstes Öl
125 ml Sauerrahm
1 Handvoll frische
Gartenkräuter
(wie Borretsch, Dille,
Pfefferminze, Pimpinelle,
Schnittlauch, Zitronenmelisse)

❧

1. **Kohlrabi dünn schälen** und mittelfein reiben, Kohlrabiblätter klein schneiden und dazugeben. Wildkräuter waschen, mit Küchenpapier trockentupfen, hacken und unter den Kohlrabi mischen.

2. **Für die Sauce** Zitronensaft, Salz, Kümmel und Muskat verrühren, Öl und Sauerrahm zugießen und cremig rühren. Gartenkräuter waschen, trockentupfen, fein hacken und in die Sauce rühren.

3. **Salatsauce** unter den Kohlrabi heben und mit den gehackten Haselnüssen bestreuen.

Kohlrabi zählt zu den ersten heimischen Gemüsen im Frühling und schmeckt als Salat besonders zart!

Kohlrabi: Für die Pflanzung besorgen Sie sich im Frühling in Ihrer Gärtnerei die Setzlinge. Dann kann's losgehen: Erdreich im sonnigen Beet mit Kompost aufbessern und feinkrümelig vorbereiten. Die Pflanzen im Abstand von 30 cm setzen und eingießen. Regelmäßig – je nach Wetterlage – mit Wasser versorgen und das eventuell gewachsene Unkraut entfernen, Erde zwischendurch auflockern.

Salat von gegarten Weizenkörnern

150 g Weizenkörner
750 ml Wasser
1 1/2 TL Salz
300 g Gemüse nach Saison
(z.B. Radieschen, Karotten,
Bohnen, Gurken, Paprika,
Paradeiser), klein geschnitten
2–3 Essiggurkerl (je nach
Größe), klein geschnitten
100 g Hartkäse, klein
geschnitten
reichlich frische Gartenkräuter
(Petersilie oder Schnittlauch,
Basilikum, Kerbel,
Pimpinelle, Ysop)
etwas Essig
4 EL kaltgepresstes Öl

1. **Weizenkörner waschen** und 8–10 Stunden im Wasser quellen lassen. Im Einweichwasser zugedeckt eine Dreiviertelstunde kochen, salzen und bei ganz schwacher Hitze nachquellen lassen. Einfacher geht es im Dampfdrucktopf: Weizen waschen, mit der gut doppelten Menge gesalzenem Wasser ca. 1/2 Stunde garen.

2. **Den gegarten Weizen** mit klein geschnittenem Gemüse, Essiggurkerln und Käse mischen, gehackte Kräuter dazugeben, mit Essig und Öl marinieren.

Der Salat kann sofort verwendet werden, gewinnt jedoch an Geschmack, wenn er etwa 1 Stunde bei Raumtemperatur durchzieht.

Alternativen bei Weizenunverträglichkeit bieten: Dinkel, Kamut (auch Pharaonenkorn genannt), Purpurweizen oder der gute alte Hafer.

Junger Pflücksalat
mit Wildkräuterdressing

rote und grüne Blätter
vom Pflücksalat
2 Räucherforellenfilets

❦

Für das Wildkräuterdressing
1 TL Salz
1 TL Honig
1 TL Zitronensaft
3/16 l kaltgepresstes Rapsöl
Wildkräuter (wie z.B.
Brennnessel, Löwenzahn,
Rotklee, Sauerampfer,
Spitzwegerich)
50 g Pecorino, gerieben

❦

1. **Salatblätter waschen** und gut abtropfen lassen. Forellenfilets in Streifen schneiden.

2. **Für das Dressing** alle Zutaten mit dem Stabmixer pürieren.

3. **Salat auf Tellern anrichten,** Forellenfilets darauf verteilen, mit dem Dressing beträufeln.

Später, bei fortgeschrittener Gartensaison, wenn die winzigen Miniparadeiser erntereif sind, sehen diese als Dekoration auf dem Salat ganz putzig aus!

Bei den 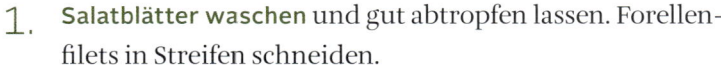 *Wildkräutern*
nimmt man nur diejenigen, die man
ganz sicher selber bestimmen kann.
Ich empfehle junge Brennnesselspitzen,
zarte Löwenzahnblätter, Sauerampfer,
Schafgarbe, Spitzwegerich oder Vogel-
miere, die man mitunter auch im
eigenen Garten findet!

Kopf- oder Eissalat
klassisch

1/2 Kopfsalat oder Eissalat
2 EL naturreiner Apfelessig
4 EL kaltgepresstes Pflanzenöl
1 Prise Salz
2 TL frische
Schnittlauchröllchen

❧

1. **Salat putzen**, zerzupfen, in kaltem Wasser waschen und sehr gut abtropfen lassen.

2. **In einer Schüssel** mit Salz, Essig und Öl anmachen. Auf Salattellern anrichten und mit Schnittlauch bestreuen.

Eissalat mit Rucola

200 g Rucola
1/2 Kopf Eissalat
1 Bund Radieschen (6 Stück),
geviertelt
8 Cocktailparadeiser
(falls bereits reif), halbiert
Parmesan vom Stück

❧

Für die Marinade
Salz
Aceto Balsamico di Modena
(ersatzweise Apfelessig)
Kürbiskernöl (ersatzweise
Hanf- oder Distelöl)

❧

1. **Rucola und Eissalat waschen**, trocken schleudern und zerpflücken, auf Salattellern anrichten.

2. **Mit geviertelten Radieschen** und halbierten Cocktailparadeisern garnieren, Parmesan darüberhobeln, jeden Teller einzeln marinieren.

Sie mögen kein Kürbiskernöl? Nehmen Sie Leindotteröl oder Walnussöl für den Salat. Mhmmm, das schmeckt!

Blattsalate Täglich eine Salatschüssel aus einem der zahlreichen Blattsalate herzustellen, ist ganz einfach – sei es als Vorspeise, zum Mittagstisch oder als Snack zwischendurch: mit kalt- gepressten, hochwertigen Ölen Ihrer Wahl, Zitronensaft oder einem besonderen Essig (da gibt es mittlerweile unendliche Variationen) oder lieber mit Joghurt- oder Schlagoberssauce, abwechselnd ergänzt mit frischen Kräutern aus dem Garten.

 *Bummerl?* Eissalat? Eisbergsalat? Krachsalat? Können Sie sich noch an den guten alten Bummerlsalat erinnern? In Österreich heißt dieser Salat heute Eissalat, im weiteren deutschsprachigen Raum Eisbergsalat, in der Schweiz Krachsalat. Die Namen Eissalat und Eisbergsalat stammen aus seiner kalifornischen Heimat, wo der Salat nach der Ernte in Kühlwaggons per Eisenbahn zum Konsumenten transportiert wurde. Die Kühlung fand durch große Eisblöcke, die in den Wänden der Waggons steckten, statt.

Eissalat hat einen festen Kopf mit eng zusammenstehenden knackigen Blättern und gerüschelten Außenblättern, je nach Sorte hell- bis dunkelgrün. Er ist deshalb so beliebt, weil er nach der Ernte bei entsprechend kühler Lagerung seine knackigen Blätter behält und daher auch länger frisch bleibt als andere Blattsalate.

Das ist natürlich für einen Gartenbesitzer kein Thema, doch findet sich auch ein großer Pluspunkt bei der Direkternte im Garten: Der Bummerl lässt sich einfach und leicht putzen – die äußeren Blätter werden dabei entfernt und die inneren werden höchstens einmal gewaschen. Eissalat ist außerdem ein richtiger Schlankmacher. Er enthält kaum Kalorien, dafür aber reichlich Mineralstoffe und Vitamine.

Für die Verwendung von Eissalat gibt es unzählige Möglichkeiten, sei es in pikanter Form gemischt mit anderem Rohgemüse, Kräutern, Käse, Schinken oder Speck, oder sei es in fruchtiger Form mit leicht süßlichen Varianten wie Äpfeln, Zitrusfrüchten oder Melonen.

Ein Beispiel für gegarten Eissalat wäre eine Crèmesuppe (siehe Rezept »Suppenduett im Glas« Seite 76). Erwähnen möchte ich auch noch die Möglichkeit, Bummerl als »Kochsalat« zuzubereiten, etwa als Eintopf oder Auflauf.

Kräuterwaffeln

2 Eier
Kräutersalz
4 EL gemischte Gartenkräuter,
gehackt
2 EL Mehl
Butter

❧

Waffeleisen

❧

1. **Die Eier mit Salz** schaumig schlagen, Kräuter und Mehl unterheben.

2. **Das Waffeleisen** erhitzen, bebuttern und die entsprechende Teigmenge einfüllen. Nach 2 Minuten die fertigen Waffeln herausnehmen und die nächste Partie backen. Reicht für drei Durchgänge.

Als Beilage für Vorspeisensalate oder als Ergänzung beim Brunch. Variante: 1/2 Zucchino raspeln und unter die Masse mischen.

Kerbelcrèmesuppe

300 g Erdäpfel
60 g Porree
60 g Petersilwurzel (oder
anderes Wurzelgemüse)
30 g Butter
750 ml Gemüsebrühe
Salz
4 EL frisches Kerbelkraut,
gehackt
etwas Muskatnuss
125 ml Schlagobers

❧

1. **Erdäpfel, Porree und Petersilwurzel** klein schneiden und in der Butter anschwitzen, mit Gemüsebrühe aufgießen, salzen, 1 EL vom Kerbel zugeben. Zugedeckt ca. 15 Minuten köcheln lassen, bis die Erdäpfel weich sind. Anschließend das Schlagobers zugeben.

2. **Mit dem Stabmixer** pürieren und mit Muskatnuss abschmecken.

3. **Vor dem Servieren** mit den restlichen 3 EL Kerbelkraut garnieren.

Probieren Sie auch einmal andere Kräuter- und Gemüsesorten für diese Art von Suppe!

Grüner Spargel
mit Vinaigrette

1 kg grüner Spargel

3 EL Olivenöl

3 EL Butter

3 Eier, hart gekocht
und gehackt

Für die Vinaigrette

Salz, Pfeffer

etwas Zucker

ca. 1 EL Weißweinessig

ca. 2 EL kaltgepresstes Öl

1 Bund Schnittlauch,
fein geschnitten

1 EL Estragon, gehackt

1. **Vom Spargel** die untersten Enden abschneiden, eventuell das untere Drittel schälen, je nach Faser. Olivenöl und Butter in einer großen (idealerweise ovalen) Pfanne erwärmen und den Spargel darin ca. 7 Minuten bissfest garen, dabei immer wieder wenden.

2. **Für die Vinaigrette** Salz, Pfeffer und etwas Zucker mit dem Essig gut verrühren, kaltgepresstes Öl dazuschlagen und die Kräuter untermischen.

3. **Den Spargel** auf einer Platte anrichten, mit den gehackten Eiern garnieren und mit der Vinaigrette übergießen.

Kann auch direkt auf der Platte mariniert werden.
Grüner Spargel ist – je nach Stärke – relativ rasch gar!
Daher besser eine Zeitschaltuhr verwenden, dann wird
er bestimmt perfekt.

Spargel mit Schlagoberssauce

500 g weißer Spargel
Salz
1 Prise Zucker

❦

Für die Sauce
125 ml Schlagobers
125 ml Milch
75 g Hartkäse (Emmentaler,
Parmesan), gerieben
2 Eidotter
Salz, weißer Pfeffer
1 Prise Muskatnuss

❦

1. **Spargel schälen** und in Salzwasser mit 1 Prise Zucker 10–12 Minuten kochen.

2. **Inzwischen die Sauce zubereiten:** Schlagobers mit Milch erhitzen, Käse einrühren, mit Eidottern legieren, würzen und unter Rühren so lange köcheln, bis die Sauce dicklich cremig ist.

3. **Auf vorgewärmten Tellern** anrichten.

Bei Verwendung von grünem Spargel erspart man sich das Schälen. Ich mag den grünen fast lieber, er schmeckt irgendwie kontrastreicher als der weiße und lässt sich schneller handhaben.

Bärlauchpalatschinken

300 g Mehl

500 ml Milch

4 Eier

100 g Butter, zerlassen

1 Prise Salz

100 g Bärlauch

Butter oder Öl zum
Herausbacken

Radieschen und Salatblätter
zum Garnieren

1. **In einer Schüssel** Mehl mit Milch zu einem Teig anrühren, dann die ganzen Eier und die zerlassene Butter zugeben, salzen. Es sollte ein zähflüssiger Teig entstanden sein.

2. **Bärlauch waschen**, abtupfen, nudelig schneiden und unter den Teig heben.

3. **In einer heißen Pfanne** ganz wenig Butter oder Öl bodenbedeckt zerlassen, einen Schöpfer des Teiges einlaufen lassen und schwenken, sodass der ganze Boden der Pfanne mit einer dünnen Teigschicht bedeckt ist. Die Palatschinken nacheinander beidseitig goldgelb backen und warm stellen. Mit Radieschen und Salatblättern garnieren.

Das passt dazu: Sauerrahm-Kräutersauce

Die Bärlauchpalatschinken sind eine bunte Abwechslung zu herkömmlichen Palatschinken in salziger Form.

Risotto mit
Spargel, Erbsen und Minze

500 g Spargel
(grün oder weiß)
1 Zwiebel
2 Knoblauchzehen
ca. 1 l Gemüsebrühe
2 EL Öl
100 g Butter
400 g Risottoreis
125 ml Weißwein
(Grüner Veltliner)
300 g Erbsen
100 g Hartkäse
(z.B. Parmesan)
1/2 Bund frische Minze
Salz, Pfeffer

1. **Spargel schälen**, Spitzen abschneiden und zur Seite legen, verbliebene Stangen schräg in 2 cm lange Stücke schneiden. Zwiebel und Knoblauch fein schneiden. Gemüsebrühe erhitzen.

2. **In einer breiten Pfanne** Öl und die halbe Butter erhitzen, Zwiebel darin anschwitzen, Knoblauch zufügen. Risottoreis zugeben und wenn dieser glasig ist, mit dem Weißwein ablöschen, umrühren.

3. **Nun den ersten Schöpfer** heiße Suppe zufügen, salzen und die Hitze zurückschalten. Wenn die Flüssigkeit vom Reis fast aufgenommen wurde, den nächsten Schöpfer Suppe zugeben, immer wieder umrühren und immer wieder Flüssigkeit zugeben. Das Risotto sollte ständig breiig sein, sonst bleibt der Reis hart. Nach ca. 10 Minuten die Spargelstücke daruntermischen und weitergaren, immer wieder aufgießen und umrühren. Nach 5 Minuten die Spargelspitzen zum Risotto geben und weitere 5 Minuten garen.

4. **Die Erbsen in Salzwasser** blanchieren und zusammen mit der restlichen Butter und dem frisch geriebenen Parmesan unterrühren.

5. **Mit Salz und Pfeffer** abschmecken, mit Minze verfeinern.

Dazu passt: Ein Glas Weißwein vom Weinviertel DAC.

Tagliatelle
mit Kohlrabi und Speck

2 Kohlrabi
1 Stange Porree
1 EL Pflanzenöl
1 EL Butter
125 ml Gemüsebrühe
500 g Tagliatelle
250 ml Schlagobers
1/2 Bund Petersilie, gehackt
1 Zweig Rosmarin, gehackt
Salz, Pfeffer
100 g Speck

1. **Kohlrabi schälen** und grobstiftelig reiben, Porree ringelig schneiden. Porree in Öl und Butter anschwitzen, Kohlrabi mitrösten und mit Gemüsebrühe aufgießen, kurz zugedeckt köcheln lassen.

2. **In einem großen Topf** die Nudeln bissfest garen. Inzwischen Schlagobers, Petersilie und Rosmarin zum Kohlrabi geben, salzen, pfeffern.

3. **Speck nudelig schneiden** und ohne Fett kross braten.

4. **Die Nudeln abseihen** und noch heiß mit der Sauce vermischen. Es sollte eine cremige Konsistenz haben, falls nötig noch etwas Flüssigkeit zugeben. Der Speck kommt beim Anrichten oben drauf.

Beilage: Blattsalat nach Wahl mit Kräuterdressing.
Weintipp: Wiener Gemischter Satz vom Nussberg.

Hühnerbrusttaschen
mit Schafkäse-Kräuter-Füllung

4 Hühnerbrüste
Salz
100 g Schafkäse
frische Kräuter
(z.B. Rosmarin, Oregano)
etwas Mehl

🌿

Butter und Olivenöl zum
Anbraten

🌿

1. **Hühnerbrüste seitlich** der Länge nach einschneiden, sodass eine Tasche entsteht, Fleisch außen salzen.

2. **Schafkäse kleinwürfelig schneiden,** Kräuter hacken und zusammen mit dem Schafkäse in die Taschen füllen. Mithilfe von Zahnstochern die Taschen verschließen und auf einer Seite bemehlen.

3. **Fleisch in Butter** und Olivenöl beidseitig anbraten und im Rohr bei 150 °C Heißluft 15 Minuten nachgaren.

Das passt dazu: Heurige Erdäpfel, junge Butterkarotten und Grazer Krauthäuptel-Salat.

Oregano *(Origanum vulgare)*, auch wilder Majoran genannt, ist eine anspruchslos zu kultivierende ausdauernde Pflanze. Er ist dankbar für einen warmen, sonnigen Standort. Beim Zerreiben der Blätter entströmt ein würziger Duft. Im Frühling dicht über dem Boden abschneiden. Ernte: Triebspitzen und junge Blätter laufend bis zum Herbst. Zum Trocknen erntet man die Triebe am besten zur Blütezeit, Oregano ist dann am aromatischsten.

Orientalische Kichererbsen
mit Spinat

500 g Blattspinat
(ersatzweise Mangold)
1/2 TL Kreuzkümmel
2 Gewürznelken
2 Pimentkörner (Neugewürz)
4 schwarze Pfefferkörner
3 EL Öl
180 g Kichererbsen, gegart
Salz
100 g rote Zwiebel, klein
geschnitten
200 g Paradeiserwürfel
2 TL Ingwer, frisch gerieben

1. **Spinat waschen,** trockentupfen und nudelig schneiden. Den Spinat in einer heißen Pfanne ohne Fett 2 Minuten andünsten und anschließend mit dem Mixstab zerhacken.

2. **In einem Mörser** Kreuzkümmel, Gewürznelken, Neugewürzkörner und Pfefferkörner grob zerstoßen. Diese Gewürzmischung erhitzt man ganz kurz mit 1 EL vom Öl, Kichererbsen dazugeben und 1 Minute garen. Den zerkleinerten Spinat unterheben, mit Salz würzen und 2 Minuten weitergaren.

3. **Zwiebel, Paradeiser und Ingwer** in einer Pfanne mit dem restlichen Öl 1 Minute dünsten, auf die Spinat-Kichererbsen-Mischung geben und servieren.

Wenn bei Ihnen zu fortgeschrittener Jahreszeit der Mangold üppig gedeiht, können Sie diesen statt dem Spinat mit den Hülsenfrüchten kombinieren.

Duftpelargonien-sirup lässt sich wie Hollerblütensirup herstellen: siehe Rezept Seite 47. Anstatt der Hollerblüten nehmen Sie 25 Duftpelargonienblätter für die Zubereitung!

Hollerblüten
in Backteig

8 Stk. frische Hollerblüten

❧

Für den Backteig

120 g Mehl

1 Eidotter

1 Prise Salz

1 EL Öl

125 ml Weißwein

1 Eiklar

10 g Kristallzucker

ca. 250 ml Backfett

❧

Staubzucker zum Bestreuen

❧

1. **Die Hollerblüten** »ausklopfen«, um sie von Insekten zu befreien (also nicht waschen).

2. **Für den Backteig:** Mehl, Eidotter, 1 Prise Salz, Öl und Weißwein in einer Schüssel zu einem glatten Teig verrühren.

3. **Eiklar und Kristallzucker** zu festem Schnee schlagen und unter den Teig heben. Der Teig sollte dickflüssig sein.

4. **Die Hollerblüten** in den Backteig tauchen und in einer breiten Pfanne in gut erhitztem Fett rasch herausbacken, bis die Hollerblütenteiglinge Farbe genommen haben. Mit Staubzucker anrichten und gleich genießen.

Statt Weißwein können Sie für den Teig klassischerweise auch Bier oder Milch verwenden.

Hollerblüten:
Sicher haben Sie einen Geheimtipp, wo Sie die Blüten ernten können. Doch ziehen Sie zuerst vor dem Hollerbusch den Hut, bevor Sie ans Werk gehen. Es könnten – nach alter Sage – wohlgesinnte Geister in ihm wohnen! Der Holunderstrauch zählt zu den traditionellsten Heilpflanzen. Seine Anspruchslosigkeit lässt ihn überall Wurzeln schlagen. Doch die Blätter, die Rinde, die unreifen Beeren und die Samen der reifen Beeren sind schwach giftig. Es ist das Pflanzengift Sambunigrin enthalten, das jedoch unter Hitzeeinwirkung zerfällt.

Sauerrahmsoufflé
auf Erdbeermus

für 8 Förmchen

❧

3 Eier

80 g Staubzucker

1 Pkg. Vanillezucker

2 Becher Sauerrahm à 250 ml

50 g Grieß

Schale v. 1/2 unbehandelten
Zitrone

1 EL Orangenlikör

❧

Butter und Kristallzucker
für die Förmchen

❧

Für das Erdbeermus

500 g Erdbeeren

2 EL Kristallzucker

Saft v. 1/2 Zitrone

❧

6 Blättchen Schokominze
zum Dekorieren

❧

1. **Eier mit Staubzucker** und Vanillezucker schaumig rühren. Sauerrahm, Grieß, Zitronenschale und Orangenlikör unterheben. Masse in die ausgebutterten und gezuckerten Förmchen füllen und ca. 15 Minuten im Dampfgarer oder oder in einem Wasserbad im Backrohr garen.

2. **Erdbeeren säubern** und waschen, eine Hälfte davon pürieren, die andere Hälfte in Stücke schneiden. Das Püree mit Kristallzucker und Zitronensaft abschmecken, die Erdbeerstücke dazugeben.

3. **Soufflée aus den Förmchen** stürzen und mit der Erdbeersauce anrichten. Mit Schokominze dekorieren.

Mit eingefrorenem Erdbeermus ist das Sauerrahmsoufflé auch im Winter ein schnell aus dem Hut gezaubertes Dessert.

Nussbiskuit *mit Erdbeercrème*

für 1 Springform mit 26 cm Ø

❧

Für den Teig

4 Eier

8 EL heißes Wasser

100 g Staubzucker

1 Pkg. Vanillezucker

Schale v. 1/2 unbehandelten
Zitrone

1 Schuss Rum

200 g Walnüsse, Haselnüsse
oder Mandeln, gerieben

evtl. 1/2 TL Weinstein-
Backpulver

3–4 EL gehobelte Mandeln
für den Tortenboden

❧

Für die Crème

5 Blatt Gelatine

500 g Erdbeeren

100 g Topfen (20 % F.i.T.)

2–3 EL Kristallzucker
oder Honig

Saft v. 1/2 Zitrone

200 g Schlagobers

❧

Minzeblätter zum Garnieren

❧

1. **Für den Teig** die Eier trennen und das Eiklar mit dem heißen Wasser zu Schnee schlagen, mit Staubzucker und Vanillezucker ausschlagen, Eidotter nach und nach unterrühren und noch 1 weitere Minute schlagen, bis eine feste Schaummasse entstanden ist.

2. **Nun Zitronenschale,** Rum und die geriebenen Nüsse, nach Belieben auch das Backpulver, zugeben und vorsichtig unterheben. Die Masse in die mit gehobelten Mandeln ausgestreute Form streichen und bei mäßiger Hitze (160–170 °C Heißluft) 25–30 Minuten goldbraun backen.

3. **Für die Crème** die Gelatineblätter in kaltem Wasser einweichen. Die Erdbeeren waschen und putzen. Ein Drittel der Früchte für die Garnierung aufheben. Den Rest pürieren. Topfen, Kristallzucker oder Honig und Zitronensaft einrühren. Die Gelatine ausdrücken und leicht erhitzen, sodass sie sich auflöst. Vom Fruchtpüree ein paar Löffel in die Gelatine rühren, dann die Gelatinemasse mit dem restlichen Püree glattrühren. Die Crème zum Absteifen etwas kühl stellen. Währenddessen das fertige Biskuit aus der Form stürzen und abkühlen lassen.

4. **Das Schlagobers** steifschlagen und unter die Crème ziehen. Wenn die Crème streichfest ist, das Biskuit wieder in den Tortenreifen einspannen und die Crème auftragen. Mit den beiseitegelegten Früchten und Minzeblättern garnieren. Kühl stellen.

Am besten schon einen Tag vorher vorbereiten, da die Crème Zeit zum Absteifen braucht. Schnelles Biskuit ohne Mehl!

Entspannender
Hollerblütensirup

3 l Wasser
3,5 kg Kristallzucker
ca. 30 Holunderblüten
3 unbehandelte Zitronen
100 g Zitronensäure

1. **Wasser und Kristallzucker** erhitzen und rühren, bis sich der Zucker aufgelöst hat. Hollerblüten, in Scheiben geschnittene Zitronen und Zitronensäure zugeben, umrühren, abdecken und über Nacht kühl stehen lassen.

2. **Durch ein feines Sieb seihen,** nochmals auf maximal 70 °C erhitzen, in heiß ausgespülte oder noch besser sterilisierte Flaschen abfüllen und verschließen. Das saubere Arbeiten ist dabei ganz wichtig, um die Haltbarkeit zu gewährleisten!

Übrigens: Bei Zitronensäure handelt es sich um ein ganz natürliches Konservierungsmittel.

Sterilisieren im Dampfgarer: bei 100 °C die Flaschen oder Gläser 15 Minuten im Garraum entkeimen

Variante: Duftpelargoniensirup (siehe Seite 42)

Kräutersirup

3 l Wasser
3,5 kg Kristallzucker
je 1 Handvoll Kräuter
(Zitronenmelisse, Minze,
Ananassalbei, Orangenthymian,
Zitronenverbene)
100 g Zitronensäure

❧

1. **Wasser und Zucker erhitzen** und rühren, bis sich der Zucker aufgelöst hat. Kräuter und Zitronensäure ins warme Zuckerwasser geben, umrühren, abdecken und mindestens über Nacht, maximal 3 Tage kühl stehen lassen.

2. **Durch ein feines Sieb seihen**, nochmals auf maximal 70 °C erhitzen, in heiß ausgespülte oder sterilisierte Flaschen abfüllen und verschließen.

Sauberes Arbeiten ist dabei ganz wichtig, um die Haltbarkeit zu gewährleisten! Wer ganz sicher sein will, gibt vor dem Verschließen der Flaschen einige Tropfen Alkohol darüber und zündet ihn an, danach verschließen.

Auf die gleiche Weise kann Sirup von Flieder, Lavendel, Lindenblüten, Löwenzahn, Rosenblüten, Schafgarbe oder Veilchen hergestellt werden.

Verwendung des Sirups übers ganze Jahr verteilt:
- *Erfrischungsgetränk:* Sirup mit Wasser oder Mineralwasser aufspritzen und mit einer Zitronenscheibe servieren
- *Radler:* Sirup mit Mineralwasser aufgießen und mit Bier mischen
- *Sekt:* mit wenig Sirup den Sekt aromatisieren
- *Bowle:* in Brand oder Cognac angesetzte Früchte mit Weißwein, Mineralwasser, Sekt und Sirup aufgießen
- *Punsch:* Tee mit Gewürzen und Sirup versetzen, mit Apfel- oder Orangensaft, Rot-, Weißwein oder Most aufgießen

Ananassalbei ist eine frostempfindliche Gewürzpflanze mit herrlich roter Blüte im Frühling und nochmals im Herbst. Sein aromatischer, würziger Geschmack hat einen leicht bitteren, adstringierenden Effekt. Um sein Aroma entfalten zu können, muss Salbei immer erhitzt werden, sei es mitgekocht oder in Fett gebraten. Für Salate nimmt man nur die jungen, ganz zarten Blätter, die einen fruchtig-herben Akzent setzen. Die hübschen Blüten sind nicht nur im Garten ein Blickfang, sondern auch in Gelees oder Marmeladen.

SOMMER

Sommer-Smoothie

1/2 Zuckermelone
2 Äpfel
2 Nektarinen
4 Marillen
1/2 Bund Zitronenverbene
evtl. 2–3 Steviablätter
zum Süßen

🌿

1. **Das Obst waschen** und entkernen, die Melone schälen, alle Früchte zusammen pürieren. Die Blätter der Zitronenverbene vom Stängel zupfen, einige zum Dekorieren zurückbehalten, die restlichen mitpürieren. Falls der Smoothie zu wenig süß ist, die Steviablätter ebenfalls mitpürieren.

2. **In Gläser füllen** und mit der Zitronenverbene dekorieren.

Kräuter-Smoothie

200 g Gurke
200 g Melone ohne Schale
1 Banane ohne Schale
reichlich gemischte frische
Garten- und Wildkräuter

🌿

1. **Gurke, Melone und Banane** grob schneiden, in den Mixer geben und mit den abgerebelten Kräutern fein mixen.

2. **In Gläser füllen** und gleich servieren.

Für die warme Jahreszeit ein erfrischendes Getränk, das Sie auch einmal anstatt einer Vorspeise servieren können.

Sommer-Smoothie

Bohnenpaste

200 g Bohnen
1 l Wasser
2 Stängel Bohnenkraut
2 Zwiebeln, fein geschnitten
3 Zehen Knoblauch,
fein geschnitten
2 EL Butter
1 TL Kümmel, gemahlen
2 Stängel Thymian, abgerebelt
1 Chilischote, entkernt,
fein gehackt
Salz, Pfeffer

1. **Bohnen über Nacht** in genügend Wasser einweichen.

2. **Wasser wegleeren** und in 500 ml frischem Wasser mit dem Bohnenkraut weichkochen (im Dampfdrucktopf 10 Minuten).

3. **Zwiebel und Knoblauch** in Butter leicht dünsten, zusammen mit den gegarten, abgeseihten Bohnen und den Gewürzen im Mixglas pürieren, abschmecken.

Varianten:
- Olivenöl statt Butter
- Zwiebel weglassen

Bohnenpaste ist eine köstliche Vorspeise, ein vegetarischer Brotaufstrich oder eine Beilage zu Gemüse oder Fleisch.

Paprikaaufstrich

3 Paprika
1 mittelgroße Zwiebel
250 g Topfen (20 % F.i.T.)
100 g Sauerrahm
100 g Frischkäse
1 TL Kümmel, gemahlen
Salz, Pfeffer
evtl. Dille oder andere Kräuter
nach Belieben

1. **Paprika ganz klein** schneiden, Zwiebel ganz fein hacken.

2. **Topfen, Sauerrahm und Frischkäse** vermischen, Zwiebel und Paprika dazugeben, würzen und sehr gut verrühren. Eventuell Dille oder andere Kräuter nach Belieben fein gehackt hineinmischen. Kühl stellen und ein wenig anziehen lassen.

Zucchiniaufstrich

1 kl. Zwiebel, fein geschnitten
1 Knoblauchzehe
20 g Butter
200 g Zucchini, geraspelt
125 g Topfen (20 % F.i.T.)
1 EL frische Petersilie
1 EL frische Pimpinelle
1 TL Zitronensaft
Salz, Pfeffer

❧

1. **Zwiebel und Knoblauch** in Butter glasig anbraten, Zucchini zugeben und mitdünsten, bis die Flüssigkeit verdampft ist. Vom Herd nehmen und abkühlen lassen.

2. **Topfen mit den Kräutern,** Zitronensaft und Gewürzen glattrühren und mit der abgekühlten Zucchinimasse vermengen, abschmecken.

Zucchini auf Piemonteser Art

2 kl. Zucchini, ungeschält
Saft v. 1/2 Zitrone
Salz, Pfeffer
1 Bund Petersilie
etwas Parmesan vom Stück
Olivenöl

❧

1. **Zucchini der Länge nach** in dünne Streifen hobeln, mit Zitronensaft beträufeln, salzen und pfeffern.

2. **Mit gehackter Petersilie** bestreuen, Parmesan darüberhobeln und mit Olivenöl verfeinern.

Dazu passt sehr gut ein Glas Weißwein und Ciabatta.

Gefüllte Zucchiniblüten

12 Zucchiniblüten mit
Stielansatz
250 g Ricotta
1 Ei
4 EL Parmesan, frisch gerieben
4 EL Petersilie und
Zitronenmelisse, gehackt
Salz
Pfeffer aus der Mühle
4 EL Olivenöl

🌱

Zucchiniblüten sind essbar und sehr dekorativ!

1. **Die Zucchiniblüten** vorsichtig öffnen und den Stempel entfernen.

2. **Für die Füllung** den Ricotta mit Ei, Parmesan, Petersilie, Zitronenmelisse abrühren und mit Salz und Pfeffer würzen.

3. **Die Blüten löffelweise** mit der Masse befüllen und oben gut zusammendrehen. In eine feuerfeste Form geben, mit Öl beträufeln und im Ofen bei 220 °C 15 Minuten gratinieren, bis sich die Blüten goldbraun verfärben.

   Serviervorschlag: mit Safranreis und Paradeisersalat.

Forellentatar
mit Kräutern

4 Forellenfilets, geräuchert

2 Radieschen

1 kl. grüner Paprika

1 Paradeiser

4 EL Sauerrahm
(ersatzweise Crème Fraîche)

2 EL Kräuter, fein geschnitten
(Dille, Schnittlauch,
Kerbel, Kresse)

etwas Salz

etwas weißer Pfeffer

etwas Zitronensaft

❧

Zum Garnieren

Salatblätter, Blüten
je nach Jahreszeit
(Kresseblüten, Violen, …),
abgezupfte Kräuter, die im
Tatar verwendet wurden

1 EL Aceto Balsamico
Tradizionale di Modena

2 EL kaltgepresstes Öl

❧

1. **Filets kleinwürfelig schneiden.**

2. **Gemüse waschen, putzen,** ebenfalls kleinwürfelig schneiden und mit dem Fisch vermengen. Sauerrahm und Kräuter einrühren, mit Salz, Pfeffer und Zitronensaft würzen.

3. **Tatar mithilfe eines Ausstechers** auf den Tellern anrichten, mit Salatblättern, Blüten und Kräutern garnieren, mit Balsamico und Öl marinieren.

Salat aus roten Bohnen,
Paprika und Schafkäse

300 g rote Bohnen
1 Lorbeerblatt
5 Wacholderbeeren
1 l Wasser
1 Zweig Thymian
1 Zweig Bohnenkraut
3 grüne Paprikaschoten
1 Bund frisches Basilikum
100 g Schafkäse
1 TL getrockneter Oregano

❦

Für die Marinade

1 rote Zwiebel
2 TL Salz
2 TL Apfeldicksaft oder 1/16 l
Apfelsaft
3 EL Apfelessig
5 EL Distel- oder
Sonnenblumenöl
2 TL Kräutersenf
1 TL Paprikapulver

❦

1. **Die am Vortag** eingeweichten Bohnen mit dem Lorbeerblatt und den Wacholderbeeren ca. 1 1/2 Stunden in frischem Wasser weichkochen. Nach der halben Kochzeit Thymian und Bohnenkraut zufügen. Dann abseihen und abspülen.

2. **Paprika** würfelig schneiden.

3. **Für die Marinade** Zwiebel schälen, klein schneiden und mit Salz, Apfeldicksaft, Apfelessig, Öl, Kräutersenf und Paprikapulver verrühren. Marinade mit Bohnen und Paprika mischen.

4. **Basilikumblätter zerzupfen,** Schafkäse in Würfel schneiden und leicht unterheben, mit getrocknetem Oregano bestreuen.

In Mitteleuropa baut man vorwiegend Gartenbohnen (Phaseolus vulgaris), Feuerbohnen (Phaseolus coccineus) und die Saubohne oder Dicke Bohne (Vicia faba) an. Andere Bohnenarten wie z.B. Augenbohnen sind wärmeliebend und in unseren Gärten daher nicht zu finden.

Die robuste, rot blühende Feuerbohne kennen Sie vielleicht auch als Prunkbohne, Käferbohne oder Türkische Bohne. Allgemein liefern Bohnen viele Kohlenhydrate, wenig Fett, dafür aber jede Menge Eiweiß. In Kombination mit Milchprodukten und Getreide bilden sie eine vollwertige Mahlzeit. Durch den hohen Ballaststoffanteil ist man noch dazu lange anhaltend gesättigt.

Bohnen dürfen in keinem Hausgarten fehlen: Sie sind unkompliziert, rasch erntereif und stellen bei guter Kompostgabe keine weiteren Ansprüche an die Nährstoffe; Bohnen sind eigene Düngerproduzenten, weil sie selbst den Boden mit Stickstoff versorgen. Es gibt unzählige Sorten in sehr verschiedenen Farben!

Eierschwammerlsalat

200 g Eierschwammerl
1 Zwiebel
1 Knoblauchzehe
2 EL Olivenöl
Salz, Pfeffer
1 EL Zitronensaft
200 g Salatparadeiser
1 Handvoll Kräuter nach
Lust und Laune
(Basilikum, Schnittlauch,
Thymian, Petersilie)

1. **Die Eierschwammerl** putzen, große Stücke zerkleinern. Zwiebel und Knoblauchzehe schälen und eher fein schneiden.

2. **Zwiebel und Knoblauch** im Olivenöl andünsten, Schwammerl dazugeben und ein paar Minuten sautieren. Mit Salz, frisch gemahlenem Pfeffer und Zitronensaft würzen, zur Seite stellen und überkühlen lassen.

3. **Die Paradeiser** in mundgerechte Stücke schneiden und zu den Schwammerln geben, die Kräuter zerzupfen oder schneiden und unterheben. Salat abschmecken.

Das passt dazu: getoastetes Ciabatta oder frisches Baguette.

Thymian – eines der vielseitigsten Gewürze besonders in der mediterranen Küche – muss unbedingt auf die Fensterbank oder ins Kräuterbeet. Er ist leicht selbst zu trocknen und durch seine ätherischen Öle eine wirksame Heilpflanze. Rachenentzündungen, Husten und Blähungen sagt er den Kampf an. Zitronenthymian und Orangenthymian sind weitere duftende Vertreter, die einem Salat eine raffinierte Note verleihen.

Die kleinen Mini San Marzano Paradeiser sind voller Geschmack und bei Kindern besonders beliebt.

Käferbohnensalat

250 g Käferbohnen
2 EL Bohnenkraut
(frisch oder getrocknet)
1 rote Zwiebel
Salz
2 EL Balsamicoessig
2 EL Apfelessig
5 EL Kürbiskernöl

❧

1. **Die Käferbohnen** am Vortag in Wasser einweichen.

2. **Das Einweichwasser** wegleeren und die Bohnen in frischem Wasser gemeinsam mit dem Bohnenkraut garkochen (wenn es schnell gehen muss, nimmt man den Druckkochtopf). Bohnen abseihen.

3. **Zwiebel fein schneiden.** Bohnen mit der Zwiebel, Salz, Balsamicoessig, Apfelessig und dem Kürbiskernöl marinieren.

Mit dem Bohnenkraut kann man auch die Marinade würzen, falls es nicht mitgekocht wird.

Quinoa-Salat mit Cocktailparadeisern

1 Tasse Quinoa
2 Tassen Gemüsebrühe
3 Jungzwiebeln
250 g Cocktailparadeiser
1 milder Pfefferoni
1 Bund Petersilie

❧

Für die Marinade
Salz, Pfeffer
2 EL Zitronensaft
2 EL Kräutersirup (siehe
Rezept Seite 48)
4 EL Olivenöl

❧

1. **Quinoa in der Suppe aufkochen** und bei schwacher Hitze 1/4 Stunde ausquellen lassen.

2. **Währenddessen Jungzwiebeln** ringelig schneiden, Kiraschparadeiser halbieren, Pfefferoni fein schneiden, Petersilie hacken.

3. **Diese Zutaten** mit Quinoa vermengen und mit Salz, Pfeffer, Zitronensaft, Kräutersirup und Olivenöl marinieren.

Bruschette al Pomodoro

12 mitteldicke Scheiben
Ciabatta oder
Toskanabrot (siehe Rezepte
Seite 136 bzw. Seite 134)
ca. 4 EL Olivenöl
400 g Paradeiser
Salz, schwarzer Pfeffer aus
der Mühle
frisches Basilikum und/oder
Oregano nach Bedarf
1 halbierte Knoblauchzehe

1. **Die Brotscheiben** mit Olivenöl beträufeln und ohne Belag im Backofen bei 200 °C Heißluft 5–7 Minuten toasten.

2. **Inzwischen die Paradeiser** kleinwürfelig schneiden und mit Salz, Pfeffer, gehackten Basilikum- und Oreganoblättern würzen. Die fertig getoasteten Brotscheiben mit der halbierten Knoblauchzehe abreiben und mit dem Paradeisermix belegen. Die Bruschette nun nochmals mit Olivenöl beträufeln und servieren.

»Nicht nur in Italien sehr beliebt!«

Basilikum zählt zu unseren beliebtesten Küchenkräutern. Aus Italien kommend verwenden wir es vor allem frisch für Paradeiser, Salate und Nudelgerichte. Neben dem klassischen Basilikum genovese sind bei uns folgende Arten bekannt: Rotes Basilikum, Thaibasilikum, kleinblättriges Basilikum, Zitronenbasilikum und das robustere Strauchbasilikum (rot oder weiß), das auch im Halbschatten gut gedeiht.

Im Garten braucht das Basilikum einen warmen, sonnigen Platz, jedoch keine pralle Mittagssonne; erst ins Freie stellen, wenn die Nachttemperatur über 13 °C bleibt. Es braucht einen lockeren, humusreichen, etwas sandigen frischen Boden. Die junge Pflanze wird anfangs entspitzt, Sie schneiden also die Blattspitzen ab, damit sich die Pflanze gut verzweigen kann. Später ernten Sie einzelne Blätter nach Bedarf.

Basilikum ist appetitanregend und wirkt beruhigend auf das Verdauungs- und Nervensystem. Das unübertroffene Aroma kommt allerdings nur roh zur Entfaltung!

Antipasti-Gemüse

für 8 Personen als Vorspeise

❦

2 Melanzani
400 g Zucchini
400 g Cocktailparadeiser
4 bunte Paprika
400 g Zwiebel
125 ml Olivenöl

❦

Für die Marinade
4 EL Aceto Balsamico
Saft v. 1 Zitrone
3 Knoblauchzehen, gepresst
2 TL Thymian, gehackt
2 TL Rosmarin, gehackt
Salz, Pfeffer

❦

frische Kräuter zum Bestreuen

❦

1. **Das Gemüse waschen,** putzen und ungeschält schneiden (um die wichtigen Vitalstoffe zu erhalten).

2. **Mit dem Olivenöl mischen,** auf ein Backblech legen und im Backrohr bei 200 °C Heißluft ca. 20 Minuten garen.

3. **Die Marinade** in einem Gefäß anrühren und über das Gemüse leeren, vermischen. Mit frischen Kräutern bestreuen.

Kann warm oder kalt serviert werden.

Erstaunlich, was in dieser harmlosen Gemüsemischung alles steckt:

→ *Vitamine A und C:* Paradeiser und Paprika sind – wie alle roten und gelben Gemüsesorten – gute Lieferanten für diese hautschützenden Vitamine.

→ *Vitamin E* aus dem Olivenöl vervollständigt das antioxidative Trio gegen die zerstörerischen freien Radikale.

→ *Abwehrkräftesteigernde Sulfide:* enthalten in Knoblauch und Zwiebel.

Melanzani (Auberginen) und Paradeiser wachsen problemlos in unseren Gärten. Sie brauchen einen sonnigen Platz und viel Wärme. Doch zählen sie auch zu den giftigen Nahrungspflanzen, in diesem Fall den Nachtschattengewächsen *(Solanaceae).* Das enthaltene Solanin wird beim Reifen abgebaut.

Kalte Gurkensuppe

1 Salatgurke
250 ml Buttermilch
1 Becher Joghurt
250 ml kalte Gemüsebrühe
Salz, Pfeffer
2 Knoblauchzehen
2 hartgekochte Eier

1 Bund Schnittlauch
zum Garnieren
Paprikapulver zum Bestreuen

1. **Gurke schälen** und raspeln, mit Buttermilch, Joghurt und der Gemüsebrühe vermengen, salzen und pfeffern. Knoblauch fein hacken und zugeben, alles ordentlich verrühren und kühl stellen.

2. **Eier fein hacken,** Schnittlauch schneiden.

3. **Die fertige Suppe** vor dem Servieren mit Eiern, Paprika-pulver und Schnittlauch bestreuen.

Besonders für heiße Tage ist diese kalte Suppe eine erfrischende Abwechslung. Die Zubereitung ist ganz einfach und noch dazu schnell!

»Es muss nicht immer eine Gurkenmaske sein, um unsere Schönheit mit Gurken zu unterstützen.«

Die zu den Kürbisgewächsen zählende Gurke versorgt uns als eine der wässrigsten Gemüsesorten mit ihren wertvollen Inhaltsstoffen wie Kalium, Kalzium und verschiedenen Vitaminen. Sie kühlt uns von innen und ist daher ein perfektes Sommergemüse. Die Kalorien brauchen Sie nicht zu zählen – sie sind fast nicht vorhanden!

Probieren Sie die Gurken im Garten als Minigurken oder Feldgurken an einem warmen, windgeschützten Platz zu ziehen, wo sich die einjährigen, sehr frostempfindlichen Pflanzen etwa 1 m hinaufschlingen können.

Gazpacho –
rohe Paradeissuppe

1 Semmel

500 g Paradeiser,
vorzugsweise Fleisch- oder
Ochsenherzparadeiser

1 roter Paprika

1 kl. Salatgurke

1 Zwiebel

2 Knoblauchzehen

125 ml Gemüsebrühe
oder Wasser

1 1/2 EL Rotweinessig

1/16 l Olivenöl

Kräutersalz, Pfeffer aus
der Mühle

❧

Basilikum zum Dekorieren

evtl. 4 EL Semmelwürfel,
geröstet

❧

1. **Die ganze Semmel** einige Minuten in Wasser einweichen. Paradeiser blanchieren (10 Sekunden in kochendes Wasser geben), anschließend schälen und schneiden. Paprika halbieren, Kerne entfernen und auf einem geölten Blech so lange im heißen Backrohr lassen, bis die Paprikahaut Blasen wirft (wird stellenweise dunkel), ebenfalls häuten und schneiden. Gurke, Zwiebel und Knoblauch schneiden.

2. **Nun wird alles gemeinsam** mit der Gemüsebrühe oder dem Wasser fein püriert. Dann Essig, Öl, Salz und Pfeffer zugeben und nochmals pürieren.

3. **Eiskalt servieren.**

Als Dekoration passen Basilikumblätter und geröstete Weißbrotwürfel. Der charakteristische Geschmack der Suppe kommt vom roh verarbeiteten Gemüse!

Ursprünglich stammt diese kalte Gemüsesuppe aus dem heißen, spanischen Andalusien. Kein Wunder also, dass sie uns angenehm kühlt an heißen Sommertagen.

Von meiner Mutter, der langjährigen Gemüse- und Blumengärtnerin, habe ich die Liebe und das Interesse zu allem, was grün ist, mitbekommen.

Suppenduett im Glas

1 Bund Suppengrün
(mit Porree)
2 Erdäpfel
2 Knoblauchzehen
je 400 g gelbe Zucchini
und Eissalat
Butter
800 ml Gemüsebrühe
250 ml Schlagobers
Salz, Pfeffer
1 TL Currypulver
etwas Ingwer, frisch gerieben

»Man kocht 2 Suppen parallel.«

1. **Suppengrün, Erdäpfel und Knoblauch** putzen bzw. schälen, klein schneiden und in 2 Portionen teilen. Beide Gemüsearten (Zucchini und Eissalat) in Stücke schneiden.

2. **In zwei Töpfen** etwas Butter schmelzen, Suppengrün, Erdäpfel und Knoblauch darin leicht anschwitzen. In dem einen Topf Zucchinistücke, im anderen den Salat zufügen und andünsten, mit jeweils halber Gemüsebrühe aufgießen und köcheln lassen, bis das Gemüse weich ist.

3. **Beide Suppen** mit dem Stabmixer pürieren und mit je 125 ml Schlagobers aufgießen. Eissalat mit Salz und Pfeffer würzen, Zucchini zusätzlich mit Curry und Ingwer abschmecken.

4. **Vorsichtig in höhere Gläser füllen:** Dabei zuerst die eine Suppe einfüllen, dann die zweite über einen verkehrt gehaltenen Löffel rinnen lassen.

Je nach Ernte und Jahreszeit variiert man mit buntem Gemüse, beispielsweise Kürbis, Brokkoli, Spinat, Sellerie, Pastinaken oder Karfiol!

Sauce Bolognese
mit selbstgemachten Nudeln

Olivenöl

3 Zwiebeln

3 Knoblauchzehen, halbiert

3 Karotten

3 Stangen vom Stangensellerie

500 g Faschiertes vom Rind

250 ml Weißwein

1 kg frische Gartenparadeiser

3 EL Paradeismark

Salz

1 Bund Petersilie

☙

selbstgemachte Nudeln
(siehe Rezept Seite 80)

☙

frisch geriebener Parmesan
vom Stück

☙

1. **Im Olivenöl** die klein geschnittene Zwiebel und den Knoblauch glasig werden lassen, klein geschnittene Karotten und Stangensellerie dazugeben und etwas dünsten. Unter fortwährendem Rühren das Faschierte zugeben und weiterbraten, bis das Fleisch braun und nicht mehr klumpig ist. Den Wein zugießen, verdampfen lassen, dann die klein geschnittenen Paradeiser und das Paradeismark zugeben.

2. **Mit Salz abschmecken** und etwa 40 Minuten auf kleiner Flamme köcheln lassen, je länger, desto besser. Wird die Sauce zu dick, etwas Wasser zufügen. Zum Schluss kommt die gehackte Petersilie dazu.

Variante:
Schmeckt auch mit Pilzen sehr gut!

Die Sauce Bolognese wird erst durch die Zugabe von Stangensellerie und Weißwein so richtig gut und eignet sich hervorragend zum Einfrieren!

Selbstgemachte Nudeln

200 g griffiges Mehl

60 g Weizengrieß

3 Eier

Salz

❧

Olivenöl zum Schwenken

❧

1. **Alle Zutaten** zu einem Teig verkneten und bei Zimmer-temperatur kurz rasten lassen. Anschließend sehr dünn auswalken, locker die Längsseiten zur Mitte schlagen und in schmale Streifen schneiden.

2. **In Salzwasser** al dente kochen, das dauert nur 4–5 Minuten!

3. **Abseihen** und in einer Pfanne in Olivenöl schwenken.

Rasche Ricotta-Gnocchi

für 4 Personen

Für die Gnocchi

500 g Ricotta

2 Eidotter

Salz

120–140 g Weizenmehl

etwas zusätzliches Mehl für
Hände und Arbeitsfläche

Für die Sauce

3 EL Olivenöl

3 Knoblauchzehen

500 g kleine, pflaumenförmige
Paradeiser (z.B. Sorte Trilly)

Basilikumblätter

etwas Parmesan vom Stück
zum Darüberhobeln

1. **Ricotta mit Eidottern**, Salz und Weizenmehl in einer Schüssel vermischen. Es entsteht ein glatter, eher weicher Teig. Daraus auf der bemehlten Arbeitsfläche mit mehligen Händen eine Rolle formen und kleine Stücke abschneiden. Mit Gefühl Nockerl machen und diese in leicht wallendes Salzwasser einlegen, vorsichtig umrühren, sodass keine Gnocchi am Topfboden kleben bleiben, und ca. 5 Minuten ziehen lassen. Wenn sie an die Oberfläche steigen, sind die Gnocchi fertig. Herausheben, abtropfen lassen.

2. **In einer Pfanne** das Olivenöl erhitzen, die Gnocchi und den geschälten, halbierten Knoblauch darin anbraten, die halbierten kleinen Pflaumenparadeiser dazugeben und kurz weiterbraten, bis die Paradeiser heiß sind. Mit zerzupften Basilikumblättern und frisch gehobeltem Parmesan garnieren.

Alternative: Mit brauner Butter und gebratenem Salbei servieren.

Es passt auch jede Art von Pesto zu den Gnocchi.

Babyartischocken
in Zitronenbutter

**Schnelles sommerliches
Abendessen für 2 Personen**

❧

12 Babyartischocken
3 unbehandelte Zitronen
100 g Butter
1/16 l Weißwein
Salz, Pfeffer aus der Mühle

❧

Zitronenscheiben und
Petersilie zum Garnieren

❧

1. **Die Artischocken** in Salzwasser mit 2 geviertelten Zitronen weichkochen (25 Minuten).

2. **Die dritte Zitrone** in Scheiben schneiden und mit Butter und Weißwein erhitzen, salzen, pfeffern.

3. **Die gekochten Artischocken** längs halbieren und mit der Schnittfläche nach unten in die Zitronen-Butter-Sauce eintauchen. Die Hälften mit der Schnittfläche nach oben auf einem Teller anrichten, mit Zitronenscheiben und Petersilie garnieren und mit etwas Zitronenbutter beträufeln.

Petersilie ist für mich der Top-Favorit unter den Kräutern: vielseitig und immer zur Hand! Bei Selbstaussaat im Garten spielt das Wetter eine große Rolle. Petersilie keimt schlecht. In diesem Falle sind Jungpflanzen aus Ihrer nächsten Gärtnerei zu empfehlen, egal ob von der dekorativen krausen oder der intensiver schmeckenden glatten Petersilie.

Chili-Hühnchen aus der Pfanne

1 rote Chilischote, gehackt

1 Knoblauchzehe, gehackt

1 EL Zitronensaft

1 TL Olivenöl

750 g Hühnerbrustfilet

750 g Erdäpfel

Salz, Pfeffer aus der Mühle

1 kl. Zweig frischer Rosmarin

❧

Zum Garnieren

1 Zitrone, geachtelt

4 Zweige krause Petersilie

❧

1. **Chili mit Knoblauch,** Zitronensaft und Olivenöl verrühren. Das Fleisch damit marinieren und etwas ziehen lassen.

2. **Erdäpfel 25 Minuten dämpfen,** schälen und in Spalten schneiden. Die Fleischfilets salzen, pfeffern und in einer großen Pfanne 8 Minuten braten, herausnehmen. Erdäpfel und Rosmarin zum Fleisch in die Pfanne geben und einige Minuten mitbraten. Mit Zitronenstücken und Petersilie anrichten.

Haben Sie eine Chilischwemme im Garten?

➴ Chili, Pfefferoni und auch Paprika sind unkompliziert zu kultivieren. Die Pflanzen brauchen einfach einen gut genährten Boden und das heißeste Plätzchen im Garten, wohin die Sonne so lange wie möglich scheinen kann. Gießen muss man sie natürlich schon, Regenwasser alleine reicht nicht aus! Ob Sie nun scharfe oder milde, dicke oder lange bevorzugen, bleibt Ihrer Vorliebe überlassen.

➴ Zum Aufbrauchen der Ernte reicht die Frischverkochung meist nicht aus. Möchte man auch im Winter etwas davon zur Verfügung haben, dann ist die einfachste Methode der Vorratshaltung das Trocknen an einem warmen Ort mit anschließender luftiger Aufbewahrung.

➴ Eine weitere einfache Art, die das Aroma unverfälscht erhält, ist das Einfrieren von vollreifen, ganzen, besser dünnwandigen Früchten. Bei Bedarf können diese dann rasch als ganze Frucht oder fein gehackt verwendet werden. Die Schärfe geht beim Einfrieren nicht verloren, genauso wenig wie beim Erhitzen.

Hüferlsteak *in Gewürzöl*

800 g Hüferl-Steak (vom Rind)

❦

Für das Gewürzöl

(Jerk-Mischung)

125 ml Öl

1 TL Pfefferkörner

1 TL Pimentkörner

5 Stängel Zitronenthymian

1 TL Zitronengras, geschnitten

1 EL grobes Salz

1 TL Honig oder 4 Steviablätter

❦

1. **Alle Zutaten** für das Gewürzöl im Mörser zerkleinern.

2. **Die Steaks** mit dem Gewürzöl einstreichen und auf ein Backblech legen.

3. **Bei 200 °C Heißluft** ca. 15 Minuten im Backrohr garen.

Dazu passt: Rosmarinerdäpfel und Friseesalat.

Faschierte Grillspieße

500 g frisches

Rinderfaschiertes

1 Ei

1 Bund Petersilie, gehackt

1 Bund Majoran, gehackt

1/4 Bund Koriander, gehackt

4 Knoblauchzehen, gehackt

1 Pfefferoni, klein geschnitten

Salz, Pfeffer aus der Mühle

❦

1. **Faschiertes mit Ei,** Kräutern, Knoblauch und Pfefferoni vermischen, mit Salz und Pfeffer würzen und abschmecken.

2. **Masse in 16 Portionen teilen,** daraus längliche Röllchen formen, aufspießen und leicht andrücken.

3. **Spieße auf eine Grilltasse legen** und beiderseits je ca. 5 Minuten grillen, bis sie eine schöne Farbe haben. Vor dem Servieren kurz rasten lassen.

Grillzwiebel mit Minze

für 10 Personen

❦

3 mittlere weiße Zwiebeln
3 mittlere rote Zwiebeln
4 EL Öl
125 ml Apfelcidre oder
Apfelsaft
125 ml Gemüsebrühe
Saft v. 1/2 Zitrone
1 kl. Chilischote
Salz, Pfeffer
2 TL Honig
1/2 Bund Minze

❦

1. **Backofengrill auf 220 °C vorheizen.** Zwiebeln abziehen und je nach Größe vierteln oder achteln, mit Öl vermengen und auf ein Backblech geben, ca. 10–12 Minuten braun und bissfest garen.

2. **Apfelcidre oder Apfelsaft** in einem Topf erhitzen, Brühe, Zitronensaft und angedrückte Chilischote dazugeben. Alles bei starker Hitze ca. 5 Minuten einkochen. Mit Honig, Salz und Pfeffer würzen, über die Zwiebeln gießen, Minzeblätter abzupfen und untermengen. Chilischote entfernen. Ca. 2 Stunden durchziehen lassen.

Eine willkommene Abwechslung fürs nächste Grillfest.
Ihre Gäste werden begeistert sein!

Fisolen *nach Wiener Art*

1 kg Fisolen
Salzwasser

❧

Für die Einmach
1 Zwiebel
120 g Butter
100 g Mehl
250 ml Wasser oder
Gemüsebrühe
2 EL Dille und/oder Petersilie,
geschnitten
2 EL Bohnenkraut, geschnitten
1 Becher Sauerrahm
Salz, Pfeffer
Zitronensaft
evtl. Suppenwürze

❧

Früher, als bei unseren Müttern und Großmüttern gekochtes Gemüse am Speiseplan stand, war die dicke Einmach oder Einbrenn bei der Zubereitung nicht wegzudenken.
Heute sind wir es gar nicht mehr gewöhnt, Gemüse auf diese Art zu kochen – es ist einfach nicht mehr zeitgemäß! Doch bei folgendem Rezept muss es ausnahmsweise sein!

1. **Die gewaschenen, geputzten Fisolen** in wenig Salzwasser nicht zu weichdünsten, abseihen und das Kochwasser weggießen. Fisolen schräg in Stücke schneiden.

2. **Für die Einmach in einem Topf** die ganz fein geschnittene Zwiebel in der Butter glasig dünsten, Mehl zugeben und unter ständigem Umrühren anschwitzen, mit 250 ml Wasser oder Gemüsebrühe aufgießen, kurz aufkochen und vom Feuer nehmen.

3. **Fisolen, Kräuter und Sauerrahm** zur Sauce geben, mit Salz, Pfeffer und Zitronensaft würzen und abschmecken.

Eine traditionelle Beilage zu gekochtem Rindfleisch und Erdäpfeln.

Tipp: Fisolen können auch gut mit Estragon, Kerbel, Pimpinelle und Oregano gewürzt werden.

Fisolen (Grüne Bohnen) sind jung geerntete Gartenbohnen und gehören zur Familie der Hülsenfrüchte, die im 16. Jahrhundert aus Mittel- und Südamerika von spanischen Seefahrern nach Europa gebracht wurden. Nach alter Gärtnerregel ist der erste Aussaattermin für Gartenbohnen, die in Busch- und Stangenbohnen unterteilt werden, Ende April bis Anfang Mai. Danach folgen weitere Sätze bis Mitte Juli. Tipp: Setzen Sie Bohnenkraut zwischen die Fisolen ins Beet!

Die heutigen Sorten der Buschbohnen bilden kaum noch Fäden, sodass das Putzen nun schneller erledigt ist als in früheren Zeiten. Man braucht nur mehr den Stielansatz und die Spitze mit einem Messer oder einer Schere entfernen. Fisolen enthalten viel Vitamin B, C und Folsäure. Die sekundären Pflanzenstoffe (Saponine) wirken krebsvorbeugend, entzündungshemmend und antimikrobiell. Zum Rohgenuss sind Fisolen nicht geeignet. Daran ist die giftige Eiweißverbindung Phasin schuld, ein blausäurehältiger Eiweißstoff. Dieser kann Darmreizungen und Erbrechen auslösen. Durch Hitzeeinwirkung wird dieser Stoff jedoch zerstört.

Einfrieren: Fisolen waschen, putzen, blanchieren, abkühlen und so trocken wie möglich entweder ganz oder in Stücke geschnitten portionsweise einfrieren. Beschriften mit Datum und Menge.

Fisolen mit Zitronenschaum

3 Eidotter
1 Prise Salz
1 Prise Piment
1/2 TL Honig
1 EL Zitronensaft
125 ml Gemüsebrühe
80 g weiche Butter
500 g gegarte Fisolen

❧

1. **Eidotter, Salz, Piment, Honig und Zitronensaft** verrühren und im Wasserbad mithilfe des Schneebesens schlagen. Gemüsebrühe während des Schlagens langsam zugießen. Nun die Butter kleinweise zugeben und unterrühren.

2. **Die heißen, bissfest gegarten Fisolen** abgießen und mit der Sauce überziehen.

Passt gut zu Rindfleisch oder Lamm.

Peperonata

750 g bunte Paprika
500 g Zwiebeln
3 Knoblauchzehen
500 g Paradeiser
4 EL Olivenöl
2 TL Salz
2 TL frischer Thymian, gehackt
2 TL frischer Salbei, gehackt
1 TL frischer Rosmarin, gehackt
1 EL Apfelessig
1 Bund Petersilie

❧

1. **Die geviertelten Paprika** in Streifen schneiden, Zwiebeln und Knoblauch schälen und grob schneiden. Die Paradeiser vierteln und beiseite geben.

2. **In einer großen Pfanne** das Öl erhitzen und die Zwiebeln darin glasig dünsten. Zuerst nur die Paprikastreifen mit Knoblauch, Salz, Thymian, Salbei, Rosmarin und Apfelessig zugeben. Bei mittlerer Hitze zugedeckt 10 Minuten dünsten, ab und zu umrühren.

3. **Dann erst die Paradeiser** untermischen und zugedeckt bei kleiner Hitze ein paar Minuten mitdünsten. Den Deckel entfernen und das Gemüse bei größerer Hitze kurz durchgaren.

4. **Petersilie hacken** und daruntermischen.

Die Peperonata sollte etwas musig werden. Passt gut zu Gegrilltem, Polenta oder Hirse. Lässt sich gut vorbereiten und schmeckt auch kalt, z.B. auf getoastetem Brot.

Zucchini-Tortilla

700 g Zucchini
1 gr. Zwiebel
3 Knoblauchzehen
4 EL Olivenöl
6 Eier
6 EL Schlagobers
Salz, Pfeffer
1 Prise Muskatnuss
1 Bund Schnittlauch
5 Zweige Oregano

1. **Zucchini waschen** und grob raspeln (größere Früchte schälen, entkernen und das schwammige Fruchtfleisch entfernen). Salzen und durch ein Sieb ausdrücken.

2. **Zwiebel und Knoblauch** schälen, fein schneiden und in einer Pfanne im Olivenöl glasig anbraten. Das Zucchinifleisch darin andünsten, bis die Flüssigkeit verdampft ist.

3. **Eier mit Schlagobers** gut verrühren und kräftig würzen mit Salz, Pfeffer und ein wenig geriebener Muskatnuss. Über die Zucchinimasse gießen. Hitze zurückschalten und zugedeckt stocken lassen.

4. **Vor dem Servieren** mit den klein geschnittenen Kräutern bestreuen.

Das passt dazu: Eissalat, gemischt mit halbierten, kleinen Paradeisern und geschnittener Gurke, Dressing nach Wahl.

Tortilla ist die spanische Variante des Omeletts bzw. der italienischen Frittata und trotz der Einfachheit in der Zubereitung ein köstliches Gericht! Man portioniert in Tortenstücke und kann es warm oder auch kalt genießen.

Zucchini-Polenta-Strudel

**Grundrezept
gezogener Strudelteig**

250 g glattes Mehl

Salz

1 KL Essig

1 EL Öl

1 Ei

ca. 125 ml lauwarmes Wasser

❧

oder 1 Pkg. fertige
Strudelblätter

❧

Für die Fülle

3 mittelgroße Zucchini

etwas Butter oder Öl

Thymian

Knoblauch

Salz, Pfeffer

80 g Polenta

500 ml Milch

Salz, Pfeffer

1 Prise Muskatnuss, gerieben

❧

1. **Auf der Arbeitsfläche** Mehl mit Salz, Essig, Öl und Ei vermengen, Wasser nach und nach zugeben und die Masse so lange kneten, bis ein glatter Teig entsteht und sich von der Arbeitsfläche löst; zu einer Kugel formen, mit Öl bestreichen und unter einer warmen Schüssel ca. 30 Minuten rasten lassen.

2. **Während der Teig rastet,** bereitet man die Fülle vor.

3. **Für das Ausziehen des Strudels** ein großes Tuch ausbreiten, bemehlen, den Strudelteig zuerst mit dem Nudelholz ausrollen und dann mit beiden Handrücken in der Luft auseinanderziehen. Der Teig soll so dünn wie möglich werden, dicke Ränder zum Schluss abschneiden. Falls er stark einreißt, nochmals zusammenschlagen und wieder – zumindest kurze Zeit – rasten lassen und von vorne beginnen.

Für die Fülle

1. **Die Zucchini in Scheiben schneiden,** in etwas Butter oder Öl kurz anbraten, mit Thymian, Knoblauch, Salz und Pfeffer kräftig würzen.

2. **Polenta in der Milch aufkochen,** mit Salz, Pfeffer und Muskatnuss würzen, mit Alufolie abdecken und bei 150 °C Heißluft 30 Minuten im Backrohr ziehen lassen.

3. **Den vorbereiteten Strudelteig** mit zerlassener Butter bestreichen, Polenta auftragen, Zucchini drauflegen, Strudel einrollen, mit zerlassener Butter bestreichen und im Backrohr bei 180 °C Heißluft goldbraun backen.

Sommerliche Linsen
für heiße Tage

150 g Karotten

150 g Stangensellerie

150 g Jungzwiebel

4 Zehen Knoblauch

3–4 EL Olivenöl

250 ml Gemüsebrühe

2 EL gehackte Kräuter
(Basilikum, Bohnenkraut,
Liebstöckl)

500 g Paradeiser

250 g Tellerlinsen (aus
heimischem Anbau), gegart

Salz

1. **Das Gemüse** fingerdick, den Knoblauch feinblättrig schneiden und in Olivenöl anschwitzen, mit Gemüsebrühe aufgießen und die Kräuter (außer dem Basilikum) zufügen, 5 Minuten köcheln lassen, bis das Gemüse noch knackig ist.

2. **Nun die gehackten Paradeiser** dazugeben und die vorbereiteten Linsen untermischen, salzen und das Basilikum zufügen.

Das passt dazu: gedünsteter Reis.

Diese »Sommerlichen Linsen« bieten eine willkommene Abwechslung an heißen Tagen! Sie sind schnell zubereitet und können sowohl als bunte Vorspeise als auch als sättigende Hauptspeise genommen werden.

Linsen werden Sie wohl eher nicht aus dem eigenen Garten ernten. Doch haben Sie sich schon einmal gefragt, wo Linsen eigentlich wachsen? Diese uralten Kulturpflanzen, die zu den Hülsenfrüchten zählen, wurden bis vor wenigen Jahrzehnten in Österreich angebaut. Jedoch kamen Ertrag und Einkommen zum Erliegen und man holte sich die Linsen aus anderen Ländern wie Indien und Kanada. Mittlerweile ist der Linsenanbau durch innovative Bauern wieder nach Österreich zurückgekehrt, und man kann in Hofläden oder auch im Supermarkt verschiedene heimische Linsensorten erstehen, von den Tellerlinsen über Beluga- und Berglinsen bis zu grünen, gelben und roten Linsen.

Sie zählen zu den eiweißreichsten pflanzlichen Lebensmitteln, die gut sättigen und kombiniert mit Gemüse und Getreide vollwertige Speisen ergeben.

Gefüllte, gratinierte
Melanzani

4 mittlere Melanzani
500 g Paradeiser, wenn
möglich Fleischparadeiser
2 Stangen vom Stangensellerie
6 Blätter Salbei
6 Blätter Basilikum
3 Zehen Knoblauch
1 gr. Zwiebel
4 EL Öl
300 g gegarter Naturreis
(Garzeit 1 Stunde)
Kräutersalz, frischer Pfeffer
100 g österr. Weichkäse
(nach Feta-Art)

1. **Melanzani längs halbieren,** das Fruchtfleisch mit einem Löffel herausschaben und klein schneiden. Die Melanzanihälften in einem Topf mit siedendem Wasser 3 Minuten blanchieren und herausnehmen. Im gleichen Wasser die Paradeiser 10 Sekunden blanchieren, enthäuten und würfelig schneiden. Vom Stangensellerie die Blätter abzupfen und die Stangen klein schneiden. Selleriegrün, Salbeiblätter und Basilikum fein hacken.

2. **Knoblauch und Zwiebel schneiden** und in einer großen Pfanne im Öl hell anbraten. Selleriestücke, Melanzanifleisch und die Paradeiser zufügen und 5 Minuten mitbraten. Nun den schon vorgegarten Reis hinzugeben und gut unterrühren. Mit den gehackten Blättern, Kräutersalz und Pfeffer kräftig würzen. Die Masse in die Melanzanihälften füllen, diese auf ein Blech legen und im Backrohr bei 180 °C Heißluft ca. 15 Minuten garen. Nun noch den geriebenen Käse auf die Melanzanihälften streuen und weitere 5 Minuten überbacken.

Das passt dazu: eine bunte Salatschüssel.

Mangoldnockerl
überbacken

für 1 Auflaufform

❀

300 g Mangold
3 Eier
150 g Käse
Salz, Pfeffer, Muskatnuss
250 g Mehl
250 ml Schlagobers

❀

1. **Mangold waschen,** nudelig schneiden, Käse reiben.

2. **Mangold, Eier und 2/3 des geriebenen Käses** verrühren, salzen, pfeffern, eine Prise Muskatnuss darüberreiben, Mehl unterrühren.

3. **Einen Topf mit gesalzenem Wasser erhitzen.** Nockerl ausstechen, in Mehl wenden und ins siedende Wasser einkochen. Wenn die Nockerl aufsteigen, herausnehmen und abtropfen lassen.

4. **In eine hitzebeständige Form** 1/3 des Schlagobers einfüllen, Nockerl hineinsetzen und mit dem restlichen Schlagobers und dem restlichen geriebenen Käse übergießen. Im Rohr bei 210 °C Heißluft ca. 20 Minuten überbacken.

Schüttelpizza

für 1 Backblech

❧

250 g Schinken
250 g Emmentalerkäse
2 rote Paprika
2 gelbe Paprika
2 Zwiebeln
4 Eier
250 ml Milch
300 g Mehl
1 TL Salz
1 TL Pfeffer
3 EL abgezupfte Blätter
vom frischen Oregano

❧

1. **Schinken, Käse, Paprika und Zwiebeln in Würfel schneiden,** in einer verschließbaren Schüssel mit Eiern, Milch, Mehl und den Gewürzen vermengen, Deckel draufgeben und durchschütteln.

2. **Ein Blech mit Backpapier auslegen** und die Masse darauf verteilen. Im Backrohr bei 210 °C Heißluft ca. 25 Minuten backen.

Wer keine Lust hat, einen aufwändigen Pizzateig zu machen, kann mal diese Variante versuchen!

Kräuter-Curry-Sauce

1/2 Becher Joghurt
1/2 Becher Sauerrahm
2 TL Currypulver
Salz
1/2 Bund Schnittlauch
1 Zweigerl Thymian,
abgerebelt und gehackt

❧

Alle Zutaten vermengen.

Die Kräuter-Curry-Sauce passt sehr gut zu den Kürbispuffern (siehe Rezept Seite 158).

Karfiolsalat mit
Schnittlauch-Senf-Kerbel-Dressing

1 Rose Karfiol

❧

Für die Marinade
2 TL Kräutersalz
1 TL Honig, 1 TL Senf
4 EL Apfelessig
4 EL Hanföl
1 EL Schnittlauch,
fein geschnitten
1 EL Kerbel, fein geschnitten

❧

1. **Karfiol waschen,** in Röschen zerteilen (Strunk aufheben für die nächste Gemüsebrühe). Röschen in Salzwasser oder im Dampfgarer 7 Minuten bissfest garen.

2. **Die Marinade anrühren** und mit den abgetropften Karfiolröschen vermengen.

Das hochwertige Hanföl hat eine gelbe, leicht bräunliche Farbe, die das marinierte Gemüse annimmt.

Gelb-grüner Zucchinisalat
mit frischen Kräutern

500 g Zucchini, grün und gelb
reichlich gehackte Kräuter
(4–5 EL) wie Bohnenkraut,
Liebstöckl, Majoran, Basilikum,
Petersilie

❧

Für die Marinade
Salz
etwas Zucker
Fruchtessig
Kürbiskernöl

1. **Zucchini waschen** und mit der Schale fein stiftelig (Julienne) hobeln.

2. **Zucchini marinieren** und mit den Kräutern vermengen.

Zucchini vertragen im Allgemeinen kräftige Kräuter wie Basilikum, Liebstöckl, Thymian oder Knoblauch.

Karfiolsalat

Fisolen-Paradeiser-Salat

300 g Fisolen
2 Zweige Bohnenkraut
300 g ovale Paradeiser
2 rote Jungzwiebeln

Für die Marinade
2 TL Salz
Pfeffer aus der Mühle
2 TL Senf
1/16 l Weißweinessig
4 EL Hanföl
1 Zehe Knoblauch
1 Schuss Worcestersauce
1 Bund Schnittlauch

1. **Fisolen waschen,** putzen und mit dem Bohnenkraut in Salzwasser kernig weichkochen, abseihen und schräg in Stücke schneiden. Paradeiser vierteln, Jungzwiebeln samt dem Grün ringelig schneiden und unter die Fisolen und Paradeiser heben.

2. **Für die Marinade** die Zutaten kräftig verschlagen und unter den Salat mischen, mit fein geschnittenem Schnittlauch bestreuen.

Variante:
Dieser sommerlich bunte Salat kann auch mit gekochtem, in dünne Streifen geschnittenem Rindfleisch und hart gekochten Eiern ergänzt werden. Er avanciert dann ganz schnell zum kalten Hauptgericht.

 **Bohnenkraut:** Das Bergbohnenkraut *(Satureja montana)* ist eine winterharte, stark aromatisch duftende Pflanze mit schmalen Blättern. Zum Trocknen wird die Pflanze dicht über der Erde abgeschnitten und in Bündeln in einem luftigen Raum aufgehängt. Etwas anders ist das einjährige Bohnenkraut *(Satureja hortensis)*. Es hat einen feineren, leicht pfeffrigen Geschmack. Bohnenkraut in Mischkultur ins Beet setzen, so hält es Schädlinge von den Bohnen fern.

Marillenknödel

für 8 Knödel

❦

250 g Topfen (20 % F.i.T.)
70 g weiche Butter
1 Ei
70 g Grieß
70 g Mehl
1 Prise Salz
evtl. Mocca-Zuckerwürfel
8 mittelkleine Marillen
100 g Semmelbrösel
50 g Butter
1 EL Kristallzucker

❦

1. In einer Schüssel Topfen mit Butter, Ei, Grieß, Mehl und Salz zu einem geschmeidigen Teig verrühren und eine Weile anziehen lassen.

2. Kochwasser aufstellen und leicht salzen. Anstatt des Kerns kann man einen Mocca-Zuckerwürfel in die Früchte geben. Dafür öffnet man das Obst nur auf einer Seite, sodass es sich wieder zusammensetzen lässt. Mit feuchten Händen von der Topfenmasse so viel entnehmen, dass eine ganze Frucht darin eingehüllt werden kann. In der Handfläche ein Teigstück breitdrücken, in die Mitte eine vorbereitete Frucht setzen und zu einem Knödel formen. Die Knödel ins leicht kochende Salzwasser einlegen und ca. 12 Minuten sanft wallend mehr ziehen als kochen lassen.

3. Inzwischen in einer breiten Pfanne die Brösel in der Butter goldfarben rösten und nach Geschmack zuckern. Knödel vorsichtig aus dem Wasser heben, abtropfen lassen und in den Bröseln wälzen, überzuckert heiß servieren.

Je nach Saison können anstatt der Marillen auch Zwetschken oder Kirschen verwendet werden – bei letzteren 3 Stück pro Knödel.

Schneenockerl
auf Marillenmus

Für das Marillenmus
800 g reife Marillen

60 g Kristallzucker

Saft v. 1/2 unbehandelten
Zitrone

250 ml Mineralwasser

❧

Für die Schneenockerl
4 Eiklar

120 g Kristallzucker

1 TL Bourbon-Vanillezucker

❧

Zum Einkochen der Nockerl
500 ml Milch

2 TL Bourbon-Vanillezucker

1 Schuss Rum

❧

Für die Deko
Blätter der Zitronenverbene

❧

1. **Marillen waschen,** entkernen und zusammen mit Kristallzucker und Zitronensaft zu einem Mus mixen, mit Mineralwasser aufgießen.

2. **Für die Schneenockerln** Eiklar mit Kristallzucker und Vanillezucker zu Schnee schlagen. Inzwischen die Milch mit Vanillezucker und einem Schuss Rum in einem Topf erhitzen. Aus der Schneemasse mit einem Esslöffel Nockerl stechen, in die heiße, ganz leicht wallende Milch einlegen und beidseitig ca. 2 Minuten bei reduzierter Hitze ziehen lassen. Die Milch darf nicht kochen!

3. **Marillenmus auf Tellern anrichten,** Nockerl aus der Milch heben und auf das Mus setzen, anzuckern und mit Blättern der Zitronenverbene dekorieren. Sofort servieren.

Ein leichtes Dessert für den Sommer!

Die Zitronenverbene

(Aloysia triphylla) mit ihren schlanken, lanzenartigen Blättern ist in unseren Breiten eine Kübel- oder Topfpflanze. Man verwendet die Blätter und Blüten frisch oder getrocknet zum Würzen und Aromatisieren oder als wohltuender Teeaufguss.

Weichselcrème

500 ml Milch
Saft und Schale v.
1/2 unbehandelten Zitrone
100 g Vollweizen- oder
Dinkelgrieß
750 g Weichseln
2 Eier
125 ml Schlagobers
2 EL Kristallzucker oder Honig
250 g Topfen (20 % F.i.T.)

1. **Milch mit Zitronenschale** in einem Topf erhitzen, Grieß unter Rühren einrieseln lassen, aufkochen, Hitze abschalten und 10 Minuten ausquellen lassen.

2. **Weichseln waschen,** ein paar davon für die Dekoration zur Seite legen, die anderen entkernen.

3. **Eier trennen,** Eiklar zu steifem Schnee schlagen. Schlagobers steifschlagen. In die abgekühlte Grieß-masse Eidotter, Kristallzucker oder Honig, Topfen und den Zitronensaft einrühren. Eischnee und Schlagobers unterheben.

4. **Eine Glasschüssel** zuerst mit der Topfenmasse, dann mit einer Schicht Weichseln und wieder mit der Topfen-masse füllen. Mit den ganzen Weichseln dekorieren.

Beerenkoch (Rote Grütze)

200 ml Kirschen
oder Fruchtnektar
2 EL Kristallzucker
1 Zimtstange
1 Vanilleschote
200 g Kirschen, entsteint
300 g gemischte rote Beeren
aus dem Garten (Ribiseln,
Jostabeeren, Himbeeren)
30 g Maizena

1. **Kirschensaft oder Fruchtnektar** mit Kristallzucker, Zimtstange und Vanilleschote aufkochen. Kirschen und Beeren zugeben und 3 Minuten köcheln lassen.

2. **Mit in etwas Wasser angerührtem Maizena** eindicken und unter Rühren nochmals kurz erhitzen, bis die Stärke bindet. Himbeeren erst jetzt dazugeben.

   Passt gut zu Vanilleeis, Vanillesauce, Topfencrème, Topfen- oder Grießknöderl

   Vorratshaltung: Wenn das Beerenragout nicht sofort verwendet wird, in heiß ausgespülte Gläser abfüllen und verschließen oder portionsweise einfrieren.

Aromazucker

2 Tassen Lavendelblüten
ohne Stiele
1 Tasse Kristallzucker

1. **Zum Aromatisieren** von Zucker die Blüten und den Zucker gemeinsam in ein verschließbares Glas füllen und 2 Wochen ziehen lassen.

2. **Anschließend den Zucker** sieben und gut verschlossen aufbewahren. Aromazucker für verschiedene Getränke und Süßspeisen verwenden.

   Aromazucker mit Blättern gemacht: Zitronenverbene, Zitronenmelisse, Duftpelargonien, Schokoladenminze oder Ananasminze

Basilikum

Thymian
& Stevia

Biskuitroulade

7 Eier
160 g Staubzucker
120 g Mehl

☙

Kristallzucker zum Stürzen
Füllung nach Wahl
(siehe unten)

☙

1. **Eidotter und Staubzucker** schaumig rühren, Schnee schlagen und abwechselnd mit dem Mehl unter die Eidottermasse heben. Backrohr auf 200 °C Heißluft vorheizen. Biskuitteig auf ein mit Backpapier ausgelegtes Blech streichen und im Rohr 15–20 Minuten goldbraun backen.

2. **Nach dem Backen** auf ein befeuchtetes, mit Kristallzucker bestreutes Tuch stürzen. Das Backpapier mit Wasser besprenkeln, sodass es sich leichter abziehen lässt. Roulade vorsichtig mit dem Tuch einrollen und auskühlen lassen.

3. **Nach dem Überkühlen** das Biskuit ausrollen, mit der Fülle bestreichen und wieder einrollen.

❧ **Füllung mit Marmelade:** Am besten schmeckt diese Variante mit Marillenmarmelade; diese eventuell leicht erwärmen und glattrühren, auftragen.

❧ **Füllung mit Früchten und Schlagobers:** z.B. Erdbeerroulade
3 Blatt Gelatine, 3 cl Erdbeer-Limes (ersatzweise Rum), 400 g Schlagobers, 150 g Monatserdbeeren, 220 g Erdbeermark, 80 g Zucker
Gelatine in kaltem Wasser 3 Minuten einweichen, ausdrücken und im erwärmten Erdbeer-Limes auflösen und unter das geschlagene Schlagobers ziehen. Monatserdbeeren unterheben. Erdbeermark mit Zucker vermengen und auf das fertige Biskuit aufstreichen, Schlagobersmischung auftragen und das Biskuit wieder einrollen.

> Füllung mit Früchten und Topfen: z. B. Nektarinenroulade
> 3 Blatt Gelatine, 2 cl Rum, 250 g Magertopfen, 80 g Zucker,
> 1 TL Vanillezucker, 250 g Schlagobers, 2 Nektarinen
> Gelatine in kaltem Wasser 3 Minuten einweichen, ausdrücken, im erwärmten Rum auflösen.
> Magertopfen, Zucker und Vanillezucker verrühren, geschlagenes Schlagobers zugeben und die Gelatine und klein geschnittene Nektarinen unterziehen.

Himbeerstrudel

1 Strudelteig (siehe
Grundrezept gezogener
Strudelteig Seite 91)

Für die Fülle
3 Eier
250 ml Rahm
200 g Staubzucker
500 g Himbeeren

1/16 l Butter, zerlassen
80 g Brösel

Staubzucker zum Bestreuen

1. **Für die Fülle** Eiklar zu festem Schnee schlagen, mit Rahm, Eidottern und der Hälfte des Staubzuckers leicht verrühren. Himbeeren waschen, gut abtropfen lassen.

2. **Den ausgezogenen Strudelteig** mit zerlassener Butter bestreichen, mit Bröseln bestreuen und mit der Fülle bestreichen. Mit Früchten belegen und mit dem restlichen Staubzucker bestreuen, locker einrollen.

3. **Den Strudel** auf ein befettetes Blech legen, mit zerlassener Butter bestreichen und bei 180 °C Heißluft ca. 45 Minuten backen, noch heiß bezuckern.

Beerentiramisu
im Glas

für 4–6 Gläser, je nach Größe

❧

150 g Mascarpone
250 g Topfen (20 % F.i.T.)
80 g Kristallzucker
1 Pkg. Vanillezucker
200 g verschiedene
Beeren aus dem Garten
(z.B. Himbeeren, Ribisel,
Jostabeeren, Stachelbeeren)
125 ml Schlagobers
ca. 20 Biskotten

❧

1. **Mascarpone, Topfen,** 70 g vom Zucker und Vanillezucker verrühren.

2. **Beeren waschen,** pürieren, wenn nötig passieren und die übrigen 10 g Zucker dazugeben.

3. **Schlagobers steifschlagen** und vorsichtig unter die Mascarpone-Topfen-Masse heben.

4. **Die Hälfte der in kleine Stückchen** gebrochenen Biskotten auf die Böden der Gläser verteilen. Darauf folgt eine Schicht rotes Beerenmus und dann eine Schicht weiße Topfencrème. Nun den Vorgang wiederholen, beginnend mit Biskotten, Beerenmus und zuletzt die Topfencrème. Mindestens 3 Stunden kühl stellen.

5. **Vor dem Servieren** mit Beeren und einem frischen Minzeblatt dekorieren.

Beerentiramisu
klassisch in der Form

für 1 rechteckige Form

❧

20 Biskotten

125 ml Milch

❧

1. **Mascarpone, Topfen,** Zucker und Vanillezucker verrühren. Beeren waschen, pürieren, wenn nötig passieren und in die Masse rühren.

2. **Schlagobers steifschlagen** und vorsichtig unter die Mascarpone-Topfen-Masse heben.

3. **Zuerst 1/3 der Crème** in eine Form streichen, dann Biskotten nacheinander in Milch tauchen und eng nebeneinander auf die Crème schichten. Darauf folgt wieder eine Schicht Crème, eine Schicht getunkte Biskotten und zuletzt die restliche Crème. Mit Frischhaltefolie abgedeckt mindestens 3 Stunden kühl stellen.

Wolfis Kardinalschnitte
mit sommerlichen Beeren

für 12–14 Portionen

❧

Für die Eidottermasse

2 Eier

8 Eidotter

60 g Staubzucker

1 TL Vanillezucker

50 g Mehl

1 Msp. Backpulver

❧

Für die Schneemasse

8 Eiklar (ca. 250 ml)

180 g Kristallzucker

❧

Für die Fülle

Weichsel-, Ribisel- oder
Marillenmarmelade

2 Becher Schlagobers à 250 g

2 Pkg. Sahnesteif

200 g Beeren nach Saison,
frisch oder gefroren

Kristallzucker für die Beeren

❧

1. **Für die Eidottermasse** Eier, Eidotter, Staubzucker und Vanillezucker sehr schaumig rühren, Mehl mit Backpulver vermengen und unter die Eidottermasse heben.

2. **Für die Schneemasse** Eiklar steifschlagen und mit Kristallzucker fest ausschlagen.

3. **Backrohr vorheizen** auf maximal 160 °C Heißluft. Backblech mit Backpapier auslegen. Nun die beiden Massen abwechselnd in Form von Streifen aufs Blech bringen: Mithilfe eines Löffels zuerst die Schneemasse auftragen (1., 3. und 5. Bahn), dann mit der Eidottermasse die Zwischenräume (2., 4. und 6. Bahn) gleichmäßig auffüllen und glattstreichen. 30 Minuten goldgelb backen, davon die ersten 15 Minuten das Backrohr einen kleinen Spalt offen lassen (Kochlöffel einzwicken), für die weiteren 15 Minuten das Backrohr schließen.

4. **Die überkühlte Masse** in der Hälfte teilen (nach der 3. Bahn) und vorsichtig mit einer Tortenpalette vom Backpapier ablösen. Eine Hälfte (den Boden) mit Marmelade dünn bestreichen. Schlagobers mit dem Sahnesteif schlagen, 2/3 davon auf den mit Marmelade bestrichenen Boden auftragen, die Beeren gleichmäßig darauf verteilen, leicht mit Kristallzucker bestreuen, das restliche Schlagobers über die Beeren streichen und die zweite Teigplatte daraufsetzen. Kühl stellen.

Zuccotto – gekühlte Beerenbombe

für 1 Schneekesselform oder Schüssel mit ca. 2,5 l Fassungsvermögen

❦

Für die Biskuitrolle

6 Eier

120 g Staubzucker

1 Pkg. Vanillezucker

50 g Speisestärke

50 g Mehl

Marillenmarmelade

❦

Für die Fülle

750 g Topfen (20 % F.i.T.)

50 g Kristallzucker

Saft v. 1 Zitrone

2 cl Weinbrand oder Marillenschnaps

50 g geschälte Mandeln, gehackt

50 g Walnüsse, gehackt

6 Blatt Gelatine

250 g Schlagobers

250 g Erdbeeren, Himbeeren oder Heidelbeeren

❦

1. **Für die Biskuitrolle** Eidotter mit Staubzucker und Vanillezucker schaumig rühren, Eiklar zu Schnee schlagen, Stärke und Mehl vermengen und mit dem Schnee abwechselnd unter die Eidottermasse heben, den Biskuitteig auf ein mit Backpapier ausgelegtes Backblech streichen und bei 180 °C Heißluft ca. 15 Minuten goldbraun backen.

2. **Ein befeuchtetes Tuch ausbreiten** und die fertig gebackene Biskuitmasse darauf stürzen. Das Backpapier mit Wasser besprenkeln und ablösen. Nun das Biskuit noch warm mithilfe des Tuches eng einrollen und überkühlen lassen. Dann wieder ausrollen, mit Marillenmarmelade dünn bestreichen und wieder einrollen. Nun ist die Roulade fertig und wird in 1 cm starke Stücke geschnitten. Diese Stücke werden in den mit Frischhaltefolie ausgelegten Schneekessel oder die Schüssel gelegt (6 Biskuitstücke werden für den Boden zur Seite gelegt).

3. **Für die Füllung** Topfen, Kristallzucker, Zitronensaft und Weinbrand verrühren, gehackte Mandeln und Walnüsse hinzugeben, Gelatine in kaltem Wasser 5 Minuten einweichen, gut ausdrücken, in einer Kasserolle erhitzen und tropfenweise langsam in die Masse einrühren. Schlagobers steifschlagen und zusammen mit den Beeren unterheben. Diese Topfenmasse in die schon mit dem Biskuit ausgelegte Schüssel einfüllen und die restlichen 6 Biskuitstücke abschließend waagrecht darauflegen und leicht andrücken.

4. **Die Bombe kalt stellen** (einige Stunden), dann stürzen. Frischhaltefolie vorsichtig abziehen und servieren.

Tarte aux Bleuets
(Heidelbeertarte)

für 1 Tarteform oder Tortenform mit 26 cm Ø

❦

400 g Heidelbeeren
250 g Mascarpone leicht
(davon 100 g für den Teig)
4 EL Milch
4 EL Öl
4 EL Kristallzucker oder Honig
1 Prise Salz
200 g Dinkelmehl
3 TL Backpulver
Schale v. 1 unbehandelten
Zitrone, gerieben
etwas Kristallzucker oder
Honig

❦

1. **Heidelbeeren mit Wasser abspülen** und abtropfen lassen.

2. **Für den Teig** 100 g vom Mascarpone mit der Milch, dem Öl, dem Kristallzucker und dem Salz verrühren, Mehl mit Backpulver zugeben.

3. **Die Form einfetten** und den ausgerollten Teig in die Form geben, einen Rand hochziehen.

4. **Den restlichen Mascarpone** mit abgeriebener Zitronenschale und etwas Kristallzucker glattrühren, auf den Teigboden streichen. Mit den Heidelbeeren belegen und bei 175 °C Heißluft ca. 35 Minuten backen.

Für diesen Heidelbeerkuchen benötigen Sie nur etwa 1 Stunde Zeit – inklusive der Backzeit!

Tarte-Rezept ohne Ei!

Ribiselmuffins

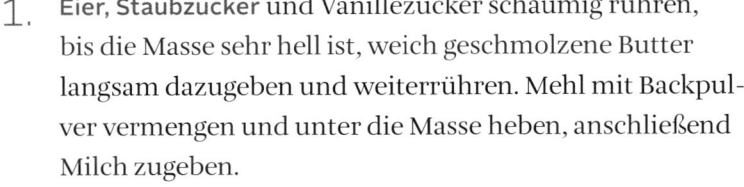

2 Eier
150 g Staubzucker
1 TL Vanillezucker
150 g Butter
150 g Mehl
1 TL Backpulver
4 EL Milch
Ribiseln, gewaschen
und gerebelt

1. **Eier, Staubzucker** und Vanillezucker schaumig rühren, bis die Masse sehr hell ist, weich geschmolzene Butter langsam dazugeben und weiterrühren. Mehl mit Backpulver vermengen und unter die Masse heben, anschließend Milch zugeben.

2. **Muffinförmchen** zu 2/3 mit der Masse befüllen, restliches Drittel mit Ribiseln befüllen und im Rohr bei 180 °C Heißluft ca. 15 Minuten backen.

Damit die Muffins eine optimale Form erhalten, ist es besser, die Papierförmchen in weitere Silikonförmchen oder in ein Muffinblech zu setzen.

Wer seinem Körper eine Abwechslung bieten möchte, kann die Mehlspeisen selbstverständlich auch mit Dinkelmehl zubereiten!

Marillen-Grießkuchen

für 1 Backblech

❦

6 Eier
100 g Kristallzucker
250 g Staubzucker
1 EL Bourbon-Vanillezucker
1 Prise Salz
250 g Butter
1 kg Magertopfen
8 EL Grieß
1 Pkg. Vanillepuddingpulver
Marillen, halbiert und entkernt

❦

1. Eier trennen, Eiklar zu Schnee schlagen, mit Kristallzucker ausschlagen.

2. **Butter** mit Staubzucker, Vanillezucker und der Prise Salz gut schaumig rühren, langsam nach und nach die Eidotter dazugeben, weiterrühren. Magertopfen, Grieß und Puddingpulver unterheben.

3. **Teig** auf ein mit Backpapier ausgelegtes Blech streichen und mit den halbierten Marillen regelmäßig belegen. Im Backrohr bei ca. 180 °C Heißluft ca. 40 Minuten goldbraun backen.

Zur Marillenzeit muss unbedingt ein Kuchen aus frischen Marillen her, wie dieser hier mit Grieß! Doch auch tief-gekühlte, halbierte Früchte sind dafür geeignet.

Lillis Schoko-Minz-Muffins

für 15–18 Stück

❦

4 Eier

140 g Staubzucker

1 Prise Salz

120 g Mehl

1/2 TL Backpulver

30 g Kakao

2 EL Milch

80 g Bitterschokolade,
gehackt

❦

Für die Glasur

1–2 EL kalter Minzetee
(aus frischer Schoko- oder
Pfefferminze zubereitet)

200 g Staubzucker

15–18 Minzeblätter

Schokoraspel

❦

1. **Die ganzen Eier,** Zucker und Salz schaumig rühren, bis die Masse sehr hell ist. Mehl mit Backpulver und Kakao vermengen und zusammen mit der Milch und den Schokoladestückchen unter die Masse heben.

2. **Papierförmchen** mit dem Teig fast vollständig befüllen und im vorgeheizten Backrohr bei 180 °C Heißluft ca. 15 Minuten backen.

3. **Für die Glasur** Minzetee mit Staubzucker verrühren, bis die Konsistenz der Masse so fest ist, dass die Glasur gerade noch vom Löffel rinnt. Ausgekühlte Muffins damit bestreichen, mit Minzeblättern und Schokoraspel verzieren.

Um eine optimale Form der Muffins zu erhalten, ist es besser die Papierförmchen in Silikonförmchen oder in ein Muffinblech zu setzen.

Garprobe: Wenn Sie mit einer Stricknadel oder einem Zahnstocher in die Mitte eines Muffins stechen und kein Teig mehr hängen bleibt, sind die Muffins fertig.

Schneller Zucchinikuchen

**1 Tasse oder Messcups
zu 250 ml**

❧

3 Eier

1 1/2 Tassen Staubzucker
(150 g)

1 Tasse geriebene Nüsse

1 1/2 Tassen Zucchini, gerieben

1/2 Tasse Karotten, gerieben

2 Tassen glattes Mehl

2 TL Weinstein-Backpulver

1 Tasse Schokolade, zerlassen

1/2 Tasse Rosinen

1 Schuss Rum

Ribiselmarmelade

Schokoladeglasur

❧

1. **Eier und Staubzucker** schaumig rühren. Alle anderen Zutaten vermischen und langsam in die Schaummasse einrühren.

2. **In eine befettete, bemehlte Kastenform füllen** und bei 180 °C Heißluft etwa 45 Minuten backen.

3. **Überkühlt mit Ribiselmarmelade** bestreichen und mit Schokoglasur überziehen.

Linzer Torte

für 1 Springform mit 24 cm Ø

❧

Für den Teig

200 g Weizen- oder
Dinkelmehl

150 g Haselnüsse, fein
gerieben

1 TL Zimtpulver

1 TL gemahlenes Neugewürz

1 Prise Nelkenpulver

1 Prise Salz

2 EL Kakaopulver

125 g Butter

100 g Kristallzucker

1 Ei

3 EL Rum

❧

Für das Fruchtpüree

100 g frische oder tiefgekühlte
Himbeeren

150 g Trockenfrüchte wie
Zwetschken oder Marillen

❧

1. **Für das Fruchtpüree** die Trockenfrüchte in heißem Wasser einweichen und 2 Stunden aufquellen lassen.

2. **Für den Teig** das Mehl, die Nüsse und die Gewürze in einer Schüssel vermengen, Butter, Zucker, Ei und Rum dazugeben und mit dem Handmixer zu einem krümeligen Teig verarbeiten. Mit den Händen zu einem glatten Teig verarbeiten, 1/2 Stunde kühl stellen.

3. **Die Trockenfrüchte** abgießen, in kleine Stücke schneiden und zusammen mit den Himbeeren zu einem Mus mixen.

4. **Den Teig teilen,** die eine Hälfte in der Tortenform mit den Fingern zu einem gleichmäßigen Teig andrücken, dabei einen ca. 1 cm hohen Rand aufziehen. Das Fruchtpüree auf den Teigboden streichen. Die andere Hälfte des Teiges mit einem Spritzsack (große Tülle) gitterförmig auftragen und einen Rand um die Torte machen!

5. **Bei 175 °C Heißluft** im Backrohr 45 Minuten backen.

Variante:
Anstatt des Fruchtbelages können Sie auch Himbeer- oder Ribiselmarmelade verwenden. Das braucht dann weniger Zeit!

*Die Linzer Torte können Sie gut auf Vorrat backen.
Sie sollte vor dem Anschneiden mindestens 2 Tage kühl stehen.
Erst danach schmeckt sie so richtig gut und hält sich
auch lange!*

Brombeeren im Garten brauchen ein wenig Platz. Doch es lohnt sich: Die Ernte kann ganz beträchtlich ausfallen! Die Früchte reifen nach und nach. Man erntet immer wieder!

Melonen-Granita

1 kg Fruchtfleisch von
Wasser- oder Zuckermelonen
8 Blätter Stevia (Süßkraut)

1. **Das Melonenfruchtfleisch** mit den Süßkrautblättern fein pürieren, in eine kältebeständige Form füllen und ins Gefrierfach geben. Während dem Gefrieren öfters durchrühren.

2. **Kurz vor dem Gebrauch** antauen lassen, mit einem Eisportionierer herauskratzen und in Gläser füllen.

Übrigens gedeihen Melonen auch in unseren Breitengraden. Wenn Sie einen heißen Platz in Ihrem Garten haben, probieren Sie es mal aus. Die Früchte bleiben vielleicht etwas kleiner, schmecken jedoch bei genügend Sonne, wenn sie also gut ausreifen können, verblüffend süß.

Eine kalorienarme Erfrischung im Sommer!

Stevia (Süßkraut) ist nicht frosthart. Die Pflanze muss in einen Topf, wenn Sie sie überwintern wollen. Die Triebspitzen immer wieder pinzieren, dass die Pflanze buschiger wird. Frisch oder getrocknet sparsam verwenden. Stevia besitzt eine enorme Süßkraft.

Paprika-Chutney

je 1 kg rote und gelbe
Paprikaschoten
750 g Zwiebel
500 ml Essig
1 TL Senfkörner
1 TL Paprikapulver
1 TL Salz
500 g Gelierzucker 2:1

1. **Paprikaschoten waschen**, Kerne herausputzen und in dünne Streifen schneiden. Zwiebel schälen und würfeln.

2. **Essig und Gewürze** aufkochen, die Paprikastreifen und die Zwiebelwürfel zugeben und 30 Minuten kochen lassen.

3. **Das fertige Chutney** in heiß ausgespülte oder sterilisierte Gläser füllen und verschließen. Kühl und dunkel lagern. Das Chutney ist nach 3 Wochen Lagerung optimal zu genießen und bis zu 6 Monate haltbar.

Chutneys sind süßsaure Einkoche aus Gemüse und Früchten, von mild bis scharf gewürzt, passend zu Fleisch-, Fisch-, Nudel- und Reisgerichten.

Rosenbowle

5 EL Zucker
1 kl. Glas Tresterbrand
(österr. Trebern, ital. Grappa)
10 Duftrosenköpfe
1 l Roséwein
1 l Mineralwasser
1 Flasche Sekt

❧

1. **In einem verschließbaren Gefäß Zucker und Tresterbrand** mit den abgezupften Blättern von 5 Rosenköpfen einige Stunden kühl ziehen lassen.

2. **Abseihen, Roséwein und Mineralwasser mit der** angesetzten Bowle mischen, mit Sekt aufgießen und mit den restlichen ganzen Rosenköpfen garnieren.

Gurken-Hollersirup-Smoothie

für 4 Personen

❧

120 g ungeschälte Gurke
6 EL Hollersirup
3 Blätter Zitronenverbene
1 TL hochwertiges Öl
250 ml Mineralwasser oder
Frizzante

❧

Alle Zutaten mixen und in Gläsern servieren.

Rosenbowle

Dirndlmarmelade

500 g Dirndln
500 ml Wasser
500 g Gelierzucker oder
normaler Kristallzucker
(wegen des hohen
Pektingehaltes der Früchte
auch möglich)
Saft v. 1 Zitrone

❧

evtl. Vanillemark zum
Verfeinern

❧

1. **Dirndln waschen,** im Wasser 7 Minuten weichkochen, mit dem Kochwasser durch ein Sieb oder eine Flotte Lotte passieren.

2. **Die Fruchtmasse** mit dem Zucker in einem Topf erhitzen und 5 Minuten unter ständigem Rühren kochen. Zitronensaft zugeben, eventuell mit Vanillemark verfeinern.

3. **Marmelade** sofort in saubere, mit Rum ausgespülte Gläser füllen, verschließen und kurz auf den Kopf stellen.

Dirndlmarmelade schmeckt leicht säuerlich und eignet sich vorzüglich als Kuchen- oder Palatschinkenfülle, passt aber auch gut zu Wildgerichten (anstatt Preiselbeermarmelade). Das in Dirndln enthaltene Vitamin C macht sie zu wahren Vitaminbomben.

Der Dirndlstrauch,

auch Kornelkirsche *(Cornus mas)*, ist ein heimisches Gehölz der Gattung Hartriegel und einer der ersten im Frühjahr blühenden Sträucher mit hellgelben Blüten. Die ovalen, roten Früchte reifen im Spätsommer heran und sollten möglichst vollreif geerntet werden, wegen des ansonsten herb-säuerlichen Geschmacks. Am besten ist es, wenn sie, bereits ganz dunkelrot gefärbt, alleine vom Baum fallen und nur noch aufgeklaubt werden. Um die benötigte Menge zu sammeln, können die Dirndln 2–3 Tage im Kühlschrank aufbewahrt werden. Da nicht alle zugleich reif werden, hat man über 3–4 Wochen immer wieder Dirndln zur Verfügung.

Toskanabrot

750 g Weizenmehl
1 1/2 Pkg. Trockengerm
3 TL Salz
1 TL Kristallzucker
400 ml lauwarmes Wasser
2 EL Rosmarinnadeln, gehackt
2 EL getrocknete Paradeiser, gehackt
1 EL Chili gehackt
50 g schwarze Oliven
Mehl für die Arbeitsfläche

1. **Mehl mit Trockengerm,** Salz und Kristallzucker mischen, das lauwarme Wasser zugeben und mit der Küchenmaschine oder dem Handmixer mit dem Knethaken zu einem glatten Teig abschlagen, mit einem Tuch zugedeckt an einem warmen Ort gehen lassen (ca. 1 Stunde).

2. **Rosmarin, Paradeiser, Chili** und Oliven unterkneten und auf einer bemehlten Arbeitsfläche zu einem Wecken formen.

3. **Teig in eine mit Backpapier ausgelegte Form** geben und bei 220 °C Heißluft ca. 25 Minuten backen – während des Backens ein flaches, feuerfestes Gefäß mit Wasser in den Ofen stellen.

Wenn Sie lieber zwei Brote machen, benötigen Sie keine Form. Dann werden die Brote direkt aufs Blech gesetzt.

Ciabatta

400 g Weizenmehl
1/2 Würfel frischer Germ
250 ml lauwarmes Wasser
3 TL Salz
4 EL Olivenöl
Mehl für die Arbeitsfläche

1. **Mehl in eine Rührschüssel geben,** Germ im lauwarmen Wasser auflösen und zusammen mit Salz und Olivenöl zum Mehl geben, den Teig abschlagen, bis dieser geschmeidig ist und sich gut vom Schüsselrand löst; an einem warmen Ort gehen lassen (ca. 1 Stunde).

2. **Auf einer bemehlten Arbeitsfläche** 2 längliche Brote formen, auf ein bemehltes Blech setzen und mit einem Tuch bedeckt nochmals ca. 1 Stunde gehen lassen, bis die Brote gut aufgegangen sind.

3. **Bei 220 °C Heißluft** ca. 20 Minuten rasch backen, bis das Ciabatta Farbe angenommen hat. Während des Backens ein flaches, feuerfestes Gefäß mit Wasser in den Ofen stellen.

Kräuterbutter

250 g Butter
80 g frische Kräuter
Salz, Pfeffer
Zitronensaft
etwas Knoblauch

1. **Weiche Butter** mit fein gehackten Kräutern gut vermengen und würzen.

2. **Daraus eine Rolle** formen und gekühlt in Scheiben schneiden.

3. **Zum Aufbewahren** in Klarsichtfolie einwickeln, kalt stellen oder tiefkühlen (einige Wochen haltbar).

Marias hausgemachtes Roggenbrot *mit Sauerteig*

für 2 Kastenformen

❧

200 g Roggenmehl

500 g Vollkorn-Roggenmehl

600 g Dinkelmehl

3 EL Sauerteig, bereits angesetzt (siehe Seite 139)

gut 250 ml warmes Wasser

2 EL Salz

2 EL Brotgewürz (vermahlen oder geschrotet): Fenchel, Anis, Koriander, Kümmel

ca. 750 ml lauwarmes Wasser je nach Lust und Laune

3 EL Sesam, Sonnenblumen- oder Kürbiskerne

Butter für die Formen

❧

1. **Am Vortag ansetzen:** Das Mehl (insgesamt 1300 g) in eine große, weite Schüssel geben, in der Mitte eine Grube machen. In dieser Grube 3 EL vom bereits angesetzten Sauerteig zusammen mit gut 250 ml warmem Wasser zu einem »Teigerl« anrühren, am besten gleich mit den Fingern, sodass eine breiige Flüssigkeit entsteht. Diese Schüssel lässt man über Nacht, also 7–8 Stunden, zugedeckt stehen. Am nächsten Tag: Von diesem Sauerteigbrei nimmt man nun fürs nächste Mal wieder 3 EL weg und bewahrt diesen neuen Sauerteig in einem verschließbaren Glas im Kühlschrank auf (ist 3–4 Wochen haltbar).

2. **Nun wird der Brotteig** weiter verarbeitet: Salz, Brotgewürz und ca. 750 ml lauwarmes Wasser dazugeben und gut abkneten, entweder mit einer Küchenmaschine oder besser gleich mit der Hand. In diesem Fall erarbeitet man sich den Teig erst so richtig! Falls man Kerne hineinarbeiten möchte, diese kurz vor dem Fertigkneten zugeben. Nun den fertigen Teig 2–3 Stunden zugedeckt rasten lassen. Der Teig soll jetzt gehen.

3. **Die Kastenformen ausbuttern,** den Teig gleichmäßig einfüllen und die fertigen Rohlinge nochmals an einem warmen Ort gehen lassen. Das Backrohr bei Ober- und Unterhitze zuerst auf 220 °C Heißluft vorheizen, ein feuerfestes Gefäß mit Wasser in den Ofen stellen.

4. **Die beiden Formen** auf der untersten Schiene 20 Minuten backen, dann bei 180 °C Heißluft 1 weitere Stunde fertigbacken, Rohr ausschalten und die Brote in der Restwärme 20 Minuten »nachbacken«; aus der Form geben und auf dem Rost auskühlen lassen.

Dieses Brotrezept stammt von einer Freundin, die es fast jede Woche für ihre Familie verwendet. Sie sollten es probieren, das Brot schmeckt wirklich wunderbar! Den Zeitaufwand der Herstellung hat man bei guter Einteilung im Griff!

Sauerteigherstellung (Grundansatz)

1. **100 g fein gemahlenen Roggen** mit 150 g lauwarmen Wasser verrühren, 24 Stunden gleichmäßig warm zugedeckt stehen lassen, dafür die Schüssel eventuell in einen Plastiksack einpacken.

2. **Nochmals 100 g Roggen** und 150 g lauwarmes Wasser zugeben, wieder 24 Stunden warm stehen lassen. Die Mikroorganismen aus der Luft wirken nun ein.

3. **100 g Roggen und 3 EL Wasser** zugeben und wieder 24 Stunden warm stehen lassen. Die Masse ist nun blasig und schaumig geworden mit einem säuerlichen Geruch.

Dieser Sauerteigansatz ist anfangs gräulich, später nach mehrmaliger Anfütterung leicht rosa.

HERBST

Spicy Gemüsedrink

500 g Karotten
4 Äpfel
4 Stangen vom Stangensellerie
2 Pfefferoni scharf
(ohne Kerne)
2 Scheiben frischer Ingwer
etwas Leinöl

❧

Zutaten durch einen Entsafter lassen, mit ein paar Tropfen Leinöl vermischen.

Leinöl kaufen Sie gut gekühlt und bewahren es zu Hause auch wieder im Kühlschrank auf. Es wird sehr leicht ranzig und hält nur 3–4 Wochen. Es ist jedoch eines der hochwertigsten Öle, das man nur kalt verwendet.
Ob Sie nun Pfefferoni oder Chili verwenden, ist eine Frage der jeweiligen Vorliebe für Schärfe!

Kürbis-Bruschette

12 Scheiben Ciabatta-Brot
(ca. 300 g; siehe Rezept
Seite 136)
4 EL Olivenöl
1/2 Knoblauchzehe, gehackt
4 EL Speckwürfel
500 g Kürbisfleisch
2 EL Olivenöl zum Anbraten
1 Knoblauchzehe, gehackt
2 Rosmarinzweige,
abgerebelt und gehackt
4 Stiele Thymian, abgerebelt
2 EL weißer Balsamico-Essig
1 EL Honig
Salz, schwarzer Pfeffer
aus der Mühle

❧

1. Olivenöl mit einer gehackten 1/2 Knoblauchzehe vermischen und die Brotscheiben mit dem Olivenöl-Knoblauch-Gemisch bestreichen. Im Backrohr bei 200 °C Heißluft 7 Minuten toasten.

2. Inzwischen die Speckwürferl und das Kürbisfleisch kleinwürfelig schneiden und im restlichen Olivenöl anbraten, die gehackte Knoblauchzehe und die Kräuter untermischen und den Kürbis bissfest garen. Vom Feuer nehmen und marinieren.

3. Masse auf die getoasteten Brote aufbringen und noch warm servieren.

Kürbis-Bruschette

Kürbis-Carpaccio

ca. 250 g Kürbis
Langer von Neapel
1 Pfefferoni
Kürbiskerne
Kürbiskernöl
Salz, Pfeffer
Aceto Balsamico
wenig Zitronensaft

1. **Das Stück Kürbisfleisch** mit dem Rohschäler in hauch-dünne Scheiben hobeln und locker auf die Teller platzieren. Pfefferoni ringelig schneiden.

2. **Die Kürbiskerne** in wenig Kürbiskernöl leicht anbraten, salzen.

3. **Nun die Kürbisstreifen** marinieren mit Salz, Pfeffer, Balsamico und ein paar Tropfen Zitronensaft, zum Schluss Kerne und Pfefferoniringerl drüberstreuen.

Das passt dazu: Weißbrot.

Grün getupfter
Paprika-Apfel-Salat

3 rote Paprika

3 kl. Äpfel

❧

Für die Marinade

Saft v. 1 Zitrone

3 EL naturreiner Apfelsaft

2 TL Dicksaft oder

Kräutersirup

(siehe Rezept Seite 48)

3 EL Mandelmus (ersatzweise

3 EL Mandeln, gehackt)

1/2 TL Salz

2 TL Kren, gerieben

1 TL Ingwer, gerieben

1 zarte Prise Zimt

1 Bund Petersilie, fein gehackt

❧

Salatblätter zum Garnieren

❧

1. **Paprika und Äpfel vierteln,** Kerngehäuse entfernen. Paprika feinnudelig, Äpfel blättrig schneiden.

2. **Die Marinade bereiten** und diese unter die Paprika-Apfel-Mischung heben.

3. **Auf Salatblättern** anrichten.

Die scharfen Senföle im Kren stimulieren das Immunsystem und können bei Atemwegsinfekten helfen!

Geflügelsalat
mit Stangensellerie

300 g Hühnerfleisch,
gekocht oder gebraten, in
kleine Stücke geschnitten
3 Stangen Stangensellerie, in
feine Scheiben geschnitten
1 Apfel, z.B. Sorte Granny
Smith, klein geschnitten
2 Mandarinen, klein
geschnitten
1/16 l Apfelsaft
3 EL Mandeln, gehackt
2 EL Kürbiskerne, gehackt
1 Pkg. Joghurt-Mayonnaise
1 Becher Joghurt oder
Sauerrahm (200 g)
Salz, Pfeffer, Zitronensaft
3 EL Kräuter (wie Dille,
Bohnenkraut, Schnittlauch
oder Petersilie), gehackt

❦

Salatblätter zum Anrichten

❦

1. **Alle Zutaten vermischen**, würzen und abschmecken.

2. **Vor dem Servieren** etwas kühl stellen.

Dieser Salat ist wandelbar: Anstatt Hühnerfleisch eignet sich auch gekochtes Rindfleisch oder Schinken, anstatt Mandarinen sind je nach Saison Weintrauben, Orangen oder Ananas passend, anstatt der Mandeln kann man Walnüsse oder auch Haselnüsse verwenden!

Stangensellerie können
Sie übrigens leicht selbst im Garten ziehen! Er bildet keine Knollen und Sie können die Stangen nach Bedarf einzeln ernten, die Pflanze bleibt stehen. So haben Sie immer frisches Selleriegrün und -stangen zur Hand.

Kohl-Fenchel-Salat

500 g Kohl
1 Fenchelknolle
1 Bund Petersilie

Für die Marinade
3 EL Zitronensaft
2 EL Honig
Salz
je 1 Prise Zimt und
Nelkenpulver
5 EL Schlagobers
1 kleiner Apfel

1. **Kohl und Fenchel putzen, waschen, teilen** und sehr fein schneiden, die Strünke beiseite geben (für die nächste Gemüsebrühe aufheben). Fenchelgrün und Petersilie hacken, zugeben.

2. **Für die Marinade** Zitronensaft, Honig, Salz, Zimt, Nelkenpulver, das schwach geschlagene Schlagobers und den fein geriebenen Apfel vermischen; unter das Kohl-Fenchel-Gemüse ziehen.

Sie haben keinen Fenchel bereit? Es schmeckt auch der Kohl pur mit der Marinade sehr gut.

Endivien mit
Rahm-Apfel-Kren-Dressing

Endiviensalat
frische Gartenkräuter
(wie Pimpinelle, Petersilie,
Zitronenverbene), gehackt

❦

Für das Dressing
125 ml Sauerrahm
2 EL Kren, frisch gerieben
1 säuerlicher Apfel, fein
gerieben
Salz
2 EL Apfelsaft
1 EL Essig
1–2 EL kaltgepresstes Öl
2 EL Nusskerne, gehackt
(Walnüsse oder geröstete
Haselnüsse)

❦

1. **Endiviensalat** putzen, zerkleinern und waschen.

2. **Salatblätter** mit Kräutern mischen.

3. **Für das Dressing** die Zutaten – bis auf die Nüsse – verrühren und den Salat damit marinieren. Nüsse darüberstreuen.

Endiviensalat wird besser erst nach dem Zerkleinern gewaschen. So werden die vielleicht unangenehmen Bitterstoffe etwas ausgeschwemmt.

Apfelsaft

Apfelsaft (in Österreich auch Süßmost) *in Form von Direktsaft* wird durch Pressen frischer Äpfel mit der Obstpresse gewonnen und durch Pasteurisieren (kurzes Erhitzen) ohne sonstige Zusätze haltbar gemacht. Klarer Apfelsaft wird vor dem Abfüllen in die Flaschen noch filtriert. Bei naturtrübem Saft bleiben die Schwebstoffe und dadurch die Antioxidantien (Radikalfänger, die unsere Zellen schützen) im Saft erhalten. Im Unterschied dazu wird *herkömmlicher Apfelsaft* zumeist aus Apfelsaftkonzentrat gewonnen, das vielfach nicht aus europäischer Produktion stammt.

Fruchtiger Kürbissalat

200 g Kürbisfleisch
vom Muskatkürbis

2 kl. Birnen

1 Apfel

1 Bund Schnittlauch

❦

Für die Marinade

Salz, Pfeffer

1 EL Honig

Saft v. 1 Zitrone

1 TL Senf

2 EL Sonnenblumenöl

3 EL Joghurt

1 Prise Nelkenpulver

❦

Salatblätter und Nusskerne
zum Anrichten

❦

1. **Kürbis schälen,** Kürbis, Birnen und Apfel vierteln und entkernen, alles feinstiftelig hobeln, Schnittlauch fein schneiden. In einer Schüssel alles vermengen.

2. **Die Marinade zubereiten:** Alle Zutaten verrühren und über das Kürbis-Birnen-Apfel-Gemisch heben.

3. **Mit Salatblättern vom Grazer Krauthäuptel** oder vom Lollo Bionda anrichten, mit Nusskernen garnieren.

Schnittlauch

Schnittlauch (Allium schoenoprasum) ist das Universalküchenkraut schlechthin. Die Vitamin-C-reiche Pflanze schmeckt am besten frisch in Salaten, Aufstrichen, Suppen und sie gibt der Eierspeis die typisch lauchige Note. Schnittlauch wirkt appetitanregend und verdauungsfördernd. Er wird nicht mitgekocht. Eine Köstlichkeit ist auch ein einfaches Butterbrot mit frischem Schnittlauch!

Der Standort im Garten solite sonnig bis halbschattig mit nährstoffreichem Boden sein. Schnittlauch braucht regelmäßig Wasser und wird mehrmals nachgedüngt. Sie können immer wieder ernten, indem Sie den Schnittlauch 1–2 cm über dem Boden abschneiden (und gleich putzen). Dann wachsen stets zarte Röhrenblätter nach. Ebenso funktioniert es auch im Topf auf der Fensterbank!

Zuckermais (Kukuruz) aus dem Garten frisch geerntet – ein wohlschmeckendes Highlight! Einfach in Salzwasser gegart, mit Butter und Salz serviert.

Polenta-Porree-Suppe

100 g Porree
1 Bund Petersilie
2 EL Butter
4 EL Polenta
1 TL Kurkuma
1 l Rindsuppe
125 ml Schlagobers
Salz, Pfeffer, Muskatnuss
1–2 EL Öl

🌱

Kürbiskernöl zum Beträufeln

🌱

1. **Porree längs halbieren** und in feine Streifen schneiden, Petersilie grob schneiden. Butter in einem Topf erwärmen, den Porree darin anschwitzen, Polenta zugeben und kurz mitrösten, Kurkuma zugeben und mit Rindsuppe aufgießen, aufkochen, Hitze zurückschalten und gute 5 Minuten köcheln lassen.

2. **Schlagobers leicht aufschlagen** und zugeben, mit Salz, Pfeffer und etwas frisch geriebener Muskatnuss abschmecken.

3. **Die Petersilie in Öl frittieren.** Suppe in tiefen Schalen anrichten und die Petersilie darauf drapieren, mit Kürbiskernöl beträufeln.

Kurkuma, auch Gelbwurz genannt, ist bei uns nicht heimisch, sondern stammt aus tropischen südasiatischen Regionen. Der »indische Safran« fehlt in keiner Curry-Mischung; Kurkuma schmeckt leicht pfeffrig und färbt sehr stark gelb-orange. Die Curcuminoide der Wurzel regen die Gallenproduktion an und sorgen für eine bessere Fettverdauung. Kurkuma wirkt im Körper als Antioxidans, sie neutralisiert also die freien Radikale, die unsere Zellen angreifen. Weltweit beschäftigt sich die Wissenschaft mit den vielversprechenden Inhaltsstoffen der Gelbwurzel!

Rote Paprikaschaumsuppe

1 1/2 Zwiebeln,
fein geschnitten
Olivenöl
3 rote Paprikaschoten,
kleinwürfelig geschnitten
1 roter Pfefferoni, feinringelig
geschnitten
750 ml Gemüsebouillon
150 ml Crème fraîche
Salz, Pfeffer

Für das Schnittlauchöl

1 Bund Schnittlauch, in feine
Röllchen geschnitten
Olivenöl
2 TL Salz

1. **Für das Schnittlauchöl** Schnittlauch in ein verschließbares Glas einfüllen, mit Olivenöl bedecken und salzen.

2. **Zwiebel in einem Suppentopf** in etwas Olivenöl glasig anschwitzen. Paprikastücke zugeben und andünsten, mit der Gemüsebouillon aufgießen und 10 Minuten köcheln lassen. Die Paprika sollten ganz weich sein. Crème fraîche zufügen und mit dem Mixstab die Suppe fein pürieren. Nun noch mit Salz und Pfeffer abschmecken.

3. **Beim Anrichten** ein paar Tropfen vom Schnittlauchöl drüberträufeln.

Ein wärmendes, schnell gezaubertes Süppchen für kühle Herbsttage!

Paprika, der »Spanische Pfeffer«, wurde im 16. Jahrhundert durch spanische Entdecker von Südamerika nach Europa gebracht und später während des Kolonialismus hauptsächlich durch die Portugiesen in Afrika und Asien verbreitet.

Paprikaschoten sind wahre Vitaminbomben. Sie enthalten mehr als doppelt so viel Vitamin C wie Zitronen, schlagen somit beim Vitamin-C-Gehalt fast jede Obstart und liefern zusätzlich noch Flavonoide und Carotine.

Im Garten brauchen Paprika einen sehr warmen, wenn möglich windgeschützten Platz, reichlich Wasser und am besten jede Woche Dünger. Wer keinen Garten hat, dem gelingt der Anbau auch in größeren Töpfen mit je 1–3 Pflanzen am sonnigen Balkon oder auf der Terrasse. Die Sortenvielfalt bringt verschiedenste Farben, Formen und Schalenstärken. Paprika sind kälteempfindlich und sollten daher nicht unter 8 °C aufbewahrt werden.

Kürbis-Schwammerl-Suppe

400 g gemischte
Schwammerln (Kräuterseitlinge
und Edelausternpilze)
300 g Kürbisfleisch
1 Zwiebel
Olivenöl
Mehl
1/16 l Weißwein
1 l Gemüsebouillon
1 EL Rosmarin
1 TL Majoran
Salz, weißer Pfeffer

1. **Pilze blättrig schneiden,** Kürbisfleisch in gleichmäßige mittelgroße Würfel schneiden, Zwiebel fein hacken.

2. **In einem Topf** Zwiebel in Olivenöl anschwitzen, die in Mehl gewendeten Kürbiswürfel goldbraun anbraten und mit dem Wein aufgießen. Die geschnittenen Pilze hinzufügen und mit der Suppe aufgießen, Kräuter zugeben und so lang kochen, bis das Kürbisfleisch weich ist. Mit Salz und Pfeffer abschmecken.

Laktosefreies Rezept!

Majoran *(Origanum majorana)* wird bei uns einjährig gezogen und kann gut in Balkonkästen oder Töpfen kultiviert werden. Seine verdauungsfördernden ätherischen Öle wirken magenstärkend und krampflösend. Das herbe Aroma passt frisch oder getrocknet zu Erdäpfelgerichten, Suppen, Eintöpfen und Fleischgerichten.

Gebratenes Karpfenfilet
auf Ratatouille

4 Karpfenfilets
(große Filets halbieren)
Salz, Pfeffer aus der Mühle
evtl. etwas Mehl
Olivenöl
1 EL Butter
2 Knoblauchzehen
1 Thymianzweig

❧

Für das Ratatouille
100 g Melanzani
200 g Zucchini
200 g bunte Paprika
50 g Schalotten
2 Knoblauchzehen
100 g Paradeiser
Olivenöl
Salz, Pfeffer
1 Thymianzweig

❧

1. **Die Fischfilets würzen,** eventuell ganz zart mit Mehl bestäuben und in einer Mischung aus Öl und Butter zusammen mit den Knoblauchzehen und dem Thymianzweig braten.

2. **Fürs Ratatouille** alle Zutaten – bis auf die Paradeiser – in kleine regelmäßige Würfel schneiden und nach der Reihe sortenweise in Olivenöl anbraten, beginnend mit den Melanzani, dann die Zucchini, die Paprika und die Schalotten. Anschließend alles zusammen in der Pfanne vermengen. Die geschälten, (eine Sekunde in heißem Wasser) blanchierten, entkernten, in Würfel geschnittenen Paradeiser zufügen und mit den Gewürzen abschmecken.

3. **Den gebratenen Fisch** auf dem Gemüseragout anrichten.

   Dazu passen: kleine, im Ganzen belassene Bratkartofferl und grüner Salat.

Fische, die ökologisch »korrekt« gefangen bzw. gezüchtet wurden, sind rar. Falls Sie Fische aus heimischer Zucht erstehen wollen, ist die Liste mit Bezugsadressen auf *www.umweltberatung.at* zu empfehlen. Dort erfahren Sie, wo man heimischen Fisch mit gutem Gewissen kaufen kann.

Ratatouille ist eine wunderbare Beilage, aber auch ein feines Gemüsegericht als Hauptspeise, gemacht aus der reichen Ernte des Gemüsegartens. Es schmeckt auch am nächsten Tag kalt als Jause im Büro oder als kleines, leichtes Abendessen zu Hause. Wer es auf Vorrat machen möchte: portioniert tiefkühlen oder heiß in saubere Einmachgläser füllen, schließen und im Backrohr bei 80 °C Heißluft sterilisieren (ca. 20 Minuten).

Kürbispuffer

2 kl. Zwiebeln oder Schalotten,
fein gehackt

400 g Kürbisfleisch

2 Eier

5 EL Getreideflocken nach
Wahl (wie Haferflocken,
Dinkelflocken)

5 EL Mehl

Salz, Pfeffer,
evtl. Cayennepfeffer

100 g Feta

1 EL Rapsöl

❧

Für den Salat

Häuptelsalat

etwas Salz

Aceto Balsamico

Kürbiskernöl

❧

1. **Zwiebel fein hacken.** Kürbisfleisch reiben (nicht zu fein, aber auch nicht grob). Wenn der Kürbis zu viel Wasser lässt, mit den Händen ausdrücken.

2. **In einer Schüssel** die Zutaten vermengen: Zwiebel, Kürbis, Eier, Flocken, Mehl, Salz und Pfeffer. Feta in kleine Würfel schneiden und daruntermengen.

3. **Rapsöl** in einer Pfanne erhitzen, mithilfe eines Löffels 3–4 Häufchen hineinsetzen und flach drücken. Beidseitig 3–4 Minuten braten.

4. **Die Salatschüssel** vorbereiten und kurz vor dem Servieren mit etwas Salz, Balsamico und gutem heimischen Kürbiskernöl marinieren.

Das passt dazu: Kräuter-Curry-Sauce (siehe Rezept Seite 97).

Knuspriges Brokkoliblech

400 g Mehl

1 Pkg. Trockengerm

200–250 ml
lauwarmes Wasser

1–2 TL Salz

500 g Brokkoli

125 g Schinkenspeck

200 g Rahm

2 EL Milch

100 g Käse, gerieben

1 TL gemahlener Kümmel

Salz, Pfeffer

1. **Mehl mit Trockengerm gut vermischen,** lauwarmes Wasser und Salz zugeben, mit dem Knethaken zu einem Germteig abschlagen, ca. 1 Stunde an einem warmen Ort gehen lassen.

2. **Brokkoli waschen,** Röschen vom Stängel schneiden und beiseite legen, Stängel fein würfeln; Speck klein würfeln und bei mittlerer Hitze in einer Pfanne auslassen, Brokkolistängel 2 Minuten mitdünsten.

3. **Backofen samt Backblech auf 200 °C vorheizen.** Speck, Brokkolistängel, Rahm, Milch, Käse und Kümmel vermischen, mit Salz und Pfeffer würzen.

4. **Germteig zusammenschlagen,** nochmals mit der Hand durchkneten, auf Backpapier ausrollen und den Teig mitsamt dem Backpapier aufs heiße Blech ziehen. Nun die Rahm-Käse-Mischung darauf verteilen, mit den Brokkoliröschen auslegen und im Backofen bei 180 °C Heißluft ca. 20 Minuten backen.

Vegetarische Variante:
Den Speck können Sie durch gehackte Walnüsse ersetzen.

Fladen mit sautierten Schwammerln und Rucola

Für den Teig

500 g Weizen- oder Dinkelmehl

1–2 TL Salz

1/2 Würfel frischer Germ

250 ml lauwarmes Wasser

Mehl für die Arbeitsfläche

❧

Für den Belag

300 g Schwammerln

5 Jungzwiebeln

20 g Butter

100 g Rucola

300 g Weichkäse

Salz, Pfeffer

❧

etwas Olivenöl zum Beträufeln

❧

1. **Teig zubereiten:** Mehl und Salz in eine Rührschüssel geben, Germ im lauwarmen Wasser auflösen und zum Mehl geben, den Teig mit dem Knethaken der Küchenmaschine abschlagen, bis dieser geschmeidig ist und sich gut vom Schüsselrand löst; ca. 1 Stunde an einem warmen Ort gehen lassen.

2. **Für den Belag** die Schwammerln putzen und grobblättrig schneiden, Zwiebel halbringelig schneiden, beides in Butter anbraten und einige Minuten garen, beiseitstellen. Rucola waschen und abtropfen lassen, beiseitstellen.

3. **Das Backrohr auf 250 °C Heißluft vorheizen.** Den Teig zusammenschlagen, auf einer bemehlten Arbeitsfläche in Blechgröße ausrollen und auf ein mit Backpapier ausgelegtes Blech legen. Den Teigfladen nochmals kurz gehen lassen, Käse darauf verteilen und ca. 15 Minuten goldbraun backen. Aus dem Rohr nehmen und dann erst mit den sautierten Schwammerln und dem vorbereiteten Rucola belegen. Mit Salz und Pfeffer abschmecken und mit etwas Olivenöl beträufeln. Gleich servieren.

Weintipp: Grüner Veltliner aus Niederösterreich.

Bohneneintopf
mit Gemüse

2 Knoblauchzehen,
blättrig geschnitten
200 g Porree,
ringelig geschnitten
2 EL Rapsöl
200 g Fisolen,
in Stücke geschnitten
300 g Kürbisfleisch vom
Butternuss (ersatzweise
Zucchini), gewürfelt
300 g passierte Paradeiser
3 kl. Pfefferoni, entkernt,
fein geschnitten
250 ml Gemüsebrühe
Salz, Pfeffer, grob gemahlen
300 g Bohnen, gegart
3 EL frischer Oregano, gehackt

1. **Knoblauch und Porree** in einem Topf mit Öl andünsten,

2. **Fisolen, Kürbis, Paradeiser** und Pfefferoni dazugeben, mit Gemüsebrühe aufgießen, salzen, pfeffern und 10 Minuten zugedeckt köcheln lassen.

3. **Gegarte Bohnen** zugeben und nochmals 10 Minuten ohne Deckel garen. Mit Oregano würzen und abschmecken.

Klassisches Rotkraut
mit Maroni

1 Kopf Rotkraut (ca. 1 kg)
Salz, Kümmel
250 g Maroni oder fertig
gegarte Maroni aus der
Vakuumverpackung
4 EL Öl
2 mittlere rote Zwiebeln
2 EL Zucker
2 Äpfel
250 ml Apfelsaft
125 ml Rotwein
(kann durch Gemüsebrühe
ersetzt werden)
Pfeffer
1 TL gemahlener Piment
(Neugewürz) oder
Nelkenpulver

1. **Das Rotkraut putzen,** halbieren, fein hobeln oder fein-nudelig schneiden (Strunk beiseite geben), mit Salz und Kümmel vermischen, kurz anziehen lassen.

2. **Die Maroni an der Schlagoberseite einschneiden** und am Blech im Backrohr 25 Minuten braten (Wasser auf das Blech spritzen, um Dunst zu erzeugen).

3. **In einem Topf Öl erhitzen,** geschnittene Zwiebeln und Zucker anrösten, dann das Rotkraut, die geraffelten Äpfel (mitsamt der Schale), den Apfelsaft und den Rotwein zufügen, würzen und 10 Minuten im offenen Topf dünsten, dann zudecken, Hitze zurückschalten und weitere 20 Minuten schmoren lassen.

4. **Die weichen Maroni aus dem Rohr nehmen,** schälen und vor Ende der Garzeit dem Rotkraut untermischen.

Durch die Zugabe von ganzen Maroni erhält das Rotkraut eine angenehme Abrundung!

Passt gut zu: gebratene Gans, Ente, Indian, Wildgerichten oder gekochtem Rindfleisch.

Ideal zum Vorbereiten, schmeckt am nächsten Tag noch besser! Auch zum Einfrieren sehr gut geeignet.

Kürbis – die große Beerenfrucht: Falls Ihr Garten groß genug ist, lohnt sich das Setzen von Kürbissen. In kleineren Gärten brauchen Sie die Möglichkeit, den Kürbis auf einen Zaun oder ein Vordach ranken zu lassen. Die heranreifenden Früchte brauchen dann bei zunehmendem Gewicht eine Abstützung. Pro Pflanze wachsen 1–3 Früchte bis Anfang September heran. Gut schmeckende Speisesorten sind Hokkaido mit etwas nussiger Note – wohl auch der bekannteste –, hier kann die Schale mitgegessen werden, Spaghettikürbis mit nudelähnlichem Fleisch (man kocht ihn oder backt ihn im Rohr), Moschuskürbis, das Universalgenie, zu dem der Butternuss mit festem Fleisch für Pürees, der Muskatkürbis und der ziemlich groß werdende Lange von Neapel zählen. Den müssen Sie mitunter zu zweit ernten, da die Früchte richtig schwer werden. Ganz im Gegenteil dazu steht der Squash, ein kleiner Kürbis mit harter, dicker, heller Schale und festem Fruchtfleisch, der sich wirklich leicht pflücken lässt. Durch seine Form wie eine fliegende Untertasse heißt er auch UFO!

Der Kürbis ist ein nicht zu unterschätzender Allrounder in der Küche: Er ist sehr vielseitig und aromatisch. Ob süß oder pikant zubereitet, die Vielfalt ist groß: dünsten, braten, grillen, überbacken, als Auflauf, kochen, pürieren und einlegen bzw. süß mit Zucker, Gewürzen und Obst.

Bei Verwendung von kräftigen Gewürzen schmeckt der Kürbis herzhaft gut. Noch dazu hat diese Beerenfrucht durch den hohen Wassergehalt nur wenig Kalorien (25 kcal auf 100 g)!

Spaghettikürbis
mit Räucherlachs

1 ganzer Spaghettikürbis
Salz

❧

Für die Sauce
1 Zwiebel
1 EL Butter
1/16 l Gemüsebrühe
1 Becher Schlagobers (250 g)
200 g Räucherlachs
1 Bund Dille
einige Spritzer Zitronensaft
wenig Kräutersalz,
Pfeffer aus der Mühle

❧

1. **Den ganzen Spaghettikürbis** in reichlich Salzwasser 30 Minuten weichkochen, kurz überkühlen lassen. Dann den gekochten Kürbis halbieren und mit einem großen Löffel das nudelähnliche Fruchtfleisch aus dem Kürbis schälen und in einer Schüssel auffangen.

2. **Für die Sauce** Zwiebel fein schneiden und in einem Topf in Butter anschwitzen, mit wenig Gemüsebrühe und dem Schlagobers aufgießen, geschnittenen Räucherlachs und fein geschnittene Dille einrühren, vorsichtig würzen mit Zitronensaft, Salz und Pfeffer.

3. **Diese Sauce** mit dem schon gegarten Spaghettikürbisfleisch im Topf vermengen, kurz erhitzen und servieren.

Dazu passt: Blattsalat mit Kürbiskernöl.

»Spaghettikürbis mit Räucherlachs« ist eine komplette Mahlzeit. Wer es jedoch lieber ein bisschen ausgiebiger mag, macht einfach Nudeln dazu und verwendet den Kürbis als Sauce.

Das Fleisch des Spaghettikürbis schmeckt auch mit Paradeissauce, Sauce Bolognese oder Pesto.

Kürbis-Erdäpfel-Gulasch
mit Schafkäse

1 Zwiebel

1 Knoblauchzehe

600 g Kürbisfleisch

6 mittlere Erdäpfel

2 EL Öl

2 EL mildes Paprikapulver

2 EL Majoran, gehackt

1 Schuss Weißweinessig

500 ml Gemüsebrühe

Salz, Pfeffer

1 EL Kümmel, gemahlen

150 g Schafkäse oder
Räuchertofu

❧

Sauerrahm und gehackte
Petersilie zum Servieren

❧

1. **Zwiebel und Knoblauch schälen und schneiden.** Kürbis in mittlere Würfel schneiden, Erdäpfel roh schälen und ebenfalls in mittlere Würfel schneiden.

2. **In einem Topf Zwiebel und Knoblauch in Öl anrösten,** Paprikapulver und Majoran kurz mitrösten, mit Essig ablöschen und mit Gemüsefond aufgießen. Erdäpfel beimengen. Mit Salz, Pfeffer und Kümmel würzen. Auf kleiner Flamme ca. 10 Minuten köcheln lassen, bis die Erdäpfel halb weich sind, Kürbiswürfel zugeben und noch weitere 10 Minuten garen.

3. **Zum Schluss** den grob zerbröckelten Schafkäse untermengen, abschmecken. Servieren mit Sauerrahm und gehackter Petersilie.

Vegane Variante:
Räuchertofu anstatt Schafkäse.

Nudeln
mit Kürbisgemüse

800 g Squash oder
Gartenkürbis
1 Zwiebel
1 Knoblauchzehe
50 g Butter
Salz
1 TL Olivenöl
500 g bunte Nudeln
1 Bund Basilikum
Cayennepfeffer
Saft v. 1/2 Zitrone
60 g Hartkäse, frisch gerieben

1. **Kürbis schälen** und das Fleisch in kleine Würfel schneiden. Zwiebel und Knoblauch schälen, fein schneiden und in einer großen Pfanne in zerlassener Butter anschwitzen. Kürbiswürfel dazugeben und bei mittlerer Hitze zugedeckt 10 Minuten nicht zu weich dünsten. Das Kürbisfleisch soll kernig bleiben.

2. **Inzwischen das Nudelwasser mit Salz und Öl aufstellen** und zum Kochen bringen, die bunten Nudeln im offenen Topf »al dente« garen.

3. **Kürbisgemüse würzen** mit fein gehacktem Basilikum, Salz, Cayennepfeffer und dem Zitronensaft. Die Nudeln abseihen, zurück in den Topf geben und sogleich mit dem Kürbisgemüse und dem frisch geriebenen Käse mischen. Gleich servieren.

Herzhaftes Kürbisgratin

für 1 Auflaufform

❧

400 g Kürbis
(Sorte nach Wahl)
400 g Erdäpfel
1 kl. Zucchino
2 Schalotten
2 Knoblauchzehen
etwas Pflanzenöl und Butter
Salz, Pfeffer
3 Eier
250 ml Schlagobers
70 g Parmesan, frisch gerieben
Muskatnuss
150 g Frühstücksspeck

❧

1. **Kürbis und Erdäpfel schälen und würfeln,** Zucchino in Scheiben schneiden, Schalotten und Knoblauch hacken.

2. **Den Frühstücksspeck** in einer Pfanne ohne Fett knusprig braten. Den Speck herausnehmen und beiseitstellen. Das Öl mit der Butter in der gleichen Pfanne erhitzen, Schalotten und Knoblauch anschwitzen. Das Gemüse hinzufügen, einige Minuten durchschwenken und mit Salz und Pfeffer würzen.

3. **Eier, Schlagobers und die Hälfte des Parmesan** gut verrühren. Eiermischung mit Salz, Pfeffer und Muskat würzen.

4. **Eine Auflaufform ausbuttern,** das Gemüse einfüllen und mit der Eier-Schlagobers-Mischung bedecken. Mit dem restlichen Parmesan bestreuen. Im Ofen bei 180 °C Heißluft ca. 40 Minuten garen. Dann erst den Speck darauf verteilen und noch weitere 5 Minuten garen.

Das passt dazu: knackiger Eissalat.

Kürbis scharf
im Wok

750 g Muskatkürbis
2 mittlere Zwiebeln
3 Knoblauchzehen
2 Chilischoten
100 g getrocknete Marillen
2 EL Rapsöl
1/16 l Apfelsaft
1 Handvoll Walnusskerne
2 EL Paradeismark
Kräutersalz

1. **Kürbis entkernen**, eventuell schälen, mit dem Gemüsehobel grob stifteln. Zwiebeln und Knoblauch schälen und schneiden. Chilischoten entkernen und schneiden. Marillen würfelig schneiden.

2. **In der schon heißen Wokpfanne** (oder in einer großen Pfanne) das Öl kurz erhitzen, Zwiebel und Knoblauch zugeben, durchrösten, mit Apfelsaft ablöschen, anschließend Kürbis, Marillen, Nüsse, Chili und Paradeismark zugeben, mit Kräutersalz würzen und ein paar Minuten – also nicht zu lange – mit Deckel garen, zum Schluss abschmecken.

Das passt dazu: Basmatireis.

Wer gerne Curry mag, mischt 1 EL Currypulver zusammen mit den Marillen unter. Falls Sie keine getrockneten Marillen zur Hand haben, nehmen Sie 5–6 Dörrzwetschken.
Ich verarbeite ganz gerne die Moschuskürbisse, zu denen der Muskatkürbis gehört; sie haben schon im rohen Zustand eine wunderschöne Farbe und der Geschmack ist fein und angenehm.

Karfiolauflauf

für 1 Auflaufform

❦

1 gr. Karfiolrose
150 g Kochschinken
5 EL Erbsen

❦

Für die Sauce Béchamel

80 g Butter
80 g Mehl
500 ml Milch
Salz, Muskatnuss
3 Eier
50 g Parmesan, gerieben
5 Stängel frisches
Bohnenkraut, abgerebelt
etwas Butter und
Semmelbrösel für die Form

❦

1. Den Karfiol in Röschen zerteilen und in Salzwasser bissfest kochen (6 Minuten im Dampfgarer). Inzwischen den Schinken feinnudelig schneiden und die Erbsen blanchieren.

2. Die Béchamelsauce zubereiten: In einem Topf Butter schmelzen, Mehl einrühren und kurz anschwitzen, mit Milch aufgießen, währenddessen fleißig rühren, kurz verkochen lassen, salzen und etwas Muskatnuss hineinreiben. Vom Herd nehmen.

3. Die Eier trennen, Eidotter in die Sauce einrühren, Eiklar zu Schnee schlagen und mit dem Parmesan unter die Béchamel heben.

4. Eine Auflaufform ausbuttern und ausbröseln. Karfiolröschen, Schinken, Erbsen und Bohnenkraut einfüllen, mit der Béchamelsauce übergießen und im Backrohr bei 220 °C Heißluft gute 20 Minuten goldbraun backen. Warm servieren.

Falls kein Bohnenkraut verfügbar ist, gemahlenen Kümmel verwenden.

Das passt dazu: Blattsalate nach Saison.

Pikante Mangoldquiche

für 1 Quicheform

❧

Für den Teig

200 g Mehl

70 g Butter

1 Eidotter

2–3 EL Sauerrahm

Salz

❧

Für die Fülle

2 Zwiebeln

30 g Butter

600 g Stielmangold

Salz

3 Eier

1 Becher Joghurt

150 g Käse, gerieben

3 EL Mehl

Kräutersalz, Pfeffer

etwas Muskatnuss

1 Bund Petersilie, gehackt

❧

30 g Parmesan zum Bestreuen

❧

1. Mürbteig bereiten: Mehl mit Butter abbröseln, Eidotter, Sauerrahm und Salz zugeben und rasch zu einem glatten Teig arbeiten. 1/2 Stunde kühl rasten lassen.

2. Während der Teig rastet die Auflage zubereiten: Zwiebeln schneiden und in Butter glasig andünsten, vom Mangold die Stiele abtrennen, würfelig schneiden und zu den Zwiebeln geben, leicht salzen und kurz dünsten lassen. Die nudelig geschnittenen Mangoldblätter zufügen und nochmals kurz dünsten, bis die Blätter zusammengefallen sind, vom Herd nehmen. Die Eiermischung für den Guss vorbereiten: Eier, Joghurt, geriebener Käse, Mehl, Kräutersalz, Pfeffer, Muskatnuss und gehackte Petersilie vermengen und beiseitestellen.

3. Nun den Teig ausrollen. Die Kuchen- oder Tarteform dient nun vorerst umgedreht als Schablone auf dem ausgerollten Teig. So kann der überschüssige Teig mit dem Messer rundherum abgeschnitten werden. Teig in die Form bringen, Mangoldmischung gleichmäßig einfüllen, Eiermischung darübergießen, mit Parmesan bestreuen. Bei 220 °C Ober- und Unterhitze 15 Minuten backen.

Das französische Wort »Quiche« bedeutet im übertragenen Sinne einfach »Kuchen«, abgeleitet vom Elsässischen Wort Kichel. Nicht nur in Elsass-Lothringen werden solcher Art Kuchen gebacken. Doch die originale Quiche ist eine Quiche à la Lorraine, eine Lothringer Specktorte mit Zwiebel und Ei!

Gebackene Apfelspalten

für 6–8 Portionen

❦

1 kg säuerliche Äpfel

Saft v. 2 Zitronen

❦

Für den Backteig

120 g glattes Mehl

10 g Staubzucker

20 g Öl

1 Eidotter

1 Prise Salz

ca. 125 ml Bier

(oder Wein, Milch,

Mineralwasser – je nach

Vorliebe)

1 Eiklar

❦

ca. 500 ml Fett zum Frittieren

Zimtzucker zum Bestreuen

❦

1. **Die Äpfel schälen,** mit dem Lochstecher das Kerngehäuse entfernen und in 1 cm dicke Scheiben oder Spalten schneiden, mit Zitronensaft beträufeln.

2. **Für den Backteig** Mehl, Staubzucker, Öl, Eidotter und Salz mit dem Bier glattrühren, Eiklar zu Schnee schlagen und unterheben.

3. **Das Backfett erhitzen.** Die Apfelscheiben in den Backteig tauchen und im heißen Fett schwimmend beidseitig goldgelb knusprig herausbacken, mit Zimtzucker bestreuen und am besten noch warm servieren!

Apfelspalten eignen sich auch gut als süße Hauptspeise! Dann davor besser etwas salziges, vielleicht einen Suppeneintopf mit Gemüse der Saison, servieren.

Das passt dazu: heißer naturtrüber Apfelsaft mit Glühweingewürzen.

Apfelgugelhupf

für 1 Gugelhupfform

❧

4 Eier

250 g Butter

250 g Staubzucker

1 Pkg. Vanillezucker

120 g Nüsse
(Walnüsse, Mandeln oder
Haselnüsse), gerieben

2 größere Äpfel, geraspelt

100 g Schokolade, gerieben

250 g Dinkel- oder
Weizenmehl

1 Pkg. Weinstein-Backpulver

❧

Staubzucker zum Bestreuen

❧

1. **Eier trennen,** Butter, Staubzucker, Vanillezucker und Eidotter sehr schaumig rühren. Nüsse, Äpfel und Schokolade untermengen.

2. **Eiklar zu festem Schnee schlagen,** Mehl mit Weinstein-Backpulver gut vermengen und abwechselnd mit dem Schnee unter die Masse heben.

3. **Die Gugelhupfform befetten und bemehlen,** Teigmasse einfüllen und bei mittlerer Hitze 50 Minuten backen. Etwas überkühlt aus der Form stürzen und mit Staubzucker bestreuen.

Ein herrlicher Gugelhupf, saftig und flaumig zugleich!

Omas Nussroulade

8 Eier
160 g Staubzucker
80 g Mehl
80 g geriebene Walnüsse
Kristallzucker
250 ml Schlagobers

1. **Ein Nussbiskuit bereiten:** Die Eier trennen, Eidotter und Zucker schaumig rühren, Eiklar zu Schnee steifschlagen, Mehl, Nüsse und Eischnee unter die Eidottermasse heben. Backrohr auf 200 °C Heißluft vorheizen. Biskuitteig auf ein mit Backpapier ausgelegtes Blech streichen und im Rohr 12–15 Minuten backen, bis es Farbe angenommen hat.

2. **Nach dem Backen** auf ein befeuchtetes, mit Kristallzucker bestreutes Tuch stürzen. Das Backpapier mit Wasser besprenkeln, sodass es sich leichter abziehen lässt. Anschließend das Biskuit mit dem Tuch einrollen und auskühlen lassen.

3. **Das Schlagobers schlagen,** das Biskuit wieder ausrollen, mit dem Schlagobers bestreichen und wieder sorgfältig einrollen. Die Endstücke wegschneiden und kühl stellen.

Ein altes Familienrezept, das meine Großmutter oft und oft gebacken hat. Da werden Kindheitserinnerungen wach! Wir lieben die Nussroulade immer noch!

Spanische Apfeltorte

für 1 Tortenform mit 26 cm Ø

❦

Für den Mürbteig
180 g Mehl

1 Msp. Backpulver

120 g Butter

60 g Staubzucker

1 Eidotter

Schale v. 1 unbehandelten
Zitrone

600 g Apfelspalten, ganz kurz
überdünstet (mit Zitronensaft
und etwas Zucker)

❦

Für die Schneehaube
4 Eiklar

100 g Kristallzucker

❦

1. **Mehl mit Backpulver vermischen** und mit Butter abbröseln, Staubzucker, Eidotter und Zitronenschale dazugeben und rasch zu einem glatten Teig verkneten, 1/2 Stunde kühl rasten lassen.

2. **Tortenform ungefettet mit Teig auslegen**, 1 cm Rand modellieren, ca. 15 Minuten bei 200 °C Heißluft backen, überkühlen lassen.

3. **Schnee schlagen**, mit Zucker steif ausschlagen, die überdünsteten Apfelspalten abseihen und auf die Torte geben, mit Schnee bedecken, nun 5 Minuten bei 220 °C Heißluft leicht bräunen. Überkühlt mit einem befeuchteten Messer schneiden.

Variante mit Ribiseln:
Anstatt der Äpfel die frisch gewaschenen Beerenfrüchte verwenden.

Apropos Süßen: Zum Dünsten der Apfelspalten kann man anstatt des Zuckers auch wenige Blätter Stevia (Süßkraut) verwenden, die eine enorme Süßkraft besitzen! Das Gute daran ist: Stevia hat keine Kalorien!
Die Pflanze können Sie in Ihrer Gärtnerei bei den Kräutern finden und – in der frostfreien Zeit – im Garten oder am Balkon kultivieren.

Kürbis-Graumohn-Torte

für 1 mittelgroße Tortenform

❦

Für den Mürbteig

6 gr. oder 7 kl. Eier

60 g Staubzucker

1 Pkg. Vanillezucker

40 g Kristallzucker

300 g Kürbis (vorzugsweise Moschuskürbis)

120 g geriebene Nüsse

200 g gemahlener Mohn

Schale v. 1/2 unbehandelten Zitrone

1 EL Rum

❦

Ribisel- oder Kürbismarmelade zum Befüllen

Staubzucker zum Bestreuen

❦

1. Eidotter, Staubzucker und Vanillezucker ordentlich schaumig rühren, Eiklar zu Schnee schlagen, mit dem Kristallzucker steif ausschlagen.

2. Kürbis schälen und fein reiben. Kürbis, Nüsse, Mohn, Zitronenschale und Rum unterziehen, dann den Schnee unterheben.

3. Masse in die mit Backpapier ausgelegte Form füllen, glattstreichen und bei ansteigender Hitze (170–180 °C Heißluft) etwa 45 Minuten backen, auskühlen lassen. In der Mitte waagrecht durchschneiden und mit Marmelade befüllen. Dann mit Staubzucker bestreuen.

❧ *Wenn es einfach und schnell gehen soll,* bestreuen Sie die Torte nur mit Staubzucker.

❧ *Falls Sie eine Glasur machen wollen,* passt eine Zitronenglasur ganz gut dazu: 100 g Staubzucker mit so viel Zitronensaft glattrühren, bis eine ziemlich dickliche Konsistenz entstanden ist; die Torte damit überziehen und die Glasur trocknen lassen.

❧ *Äpfel statt Kürbis:* Falls gerade keine Kürbiszeit ist und Sie trotzdem Lust auf eine saftige Mohntorte haben, nehmen Sie 4 kleine Äpfel statt dem Kürbis!

Verführerische
Kürbis-Cupcakes

für ca. 18 Muffinförmchen

❦

250 g Kürbis (Hokkaido)

3 Eier

1 Prise Salz

100 g Kristallzucker

50 g Marzipanrohmasse

100 g Mehl

1 gehäufter TL Weinstein-
Backpulver

100 g gemahlene Haselnüsse

1 TL gemahlener Zimt

1 Msp. Nelkenpulver

1 Msp. fein gemahlener Pfeffer

1 Prise gemahlene Muskatnuss

❦

Für das Topping

1 Pkg. Vanillepuddingpulver

2 EL Staubzucker

400 ml Milch

120 g Butter

60 g Staubzucker

60 g Kürbiskerne, gehackt

❦

1. **Zuerst Kürbisfleisch** mit der Schale (nur wenn Sie einen Hokkaido verwenden) grob reiben und in einem Gefrierbeutel 1–2 Stunden tiefkühlen.

2. **Für das Topping** aus dem Vanillepuddingpulver, Zucker und Milch einen Pudding zubereiten und auskühlen lassen.

3. **Für den Teig die Eier trennen,** aus dem Eiklar Schnee machen und mit Salz und Zucker ausschlagen. Marzipan zerkleinern, mit den Eidottern so lange schaumig schlagen, bis es eine ziemlich homogene Masse ergibt.

4. **In einer Schüssel** Mehl, Backpulver, Nüsse und die Gewürze vermengen. Nun das gefrorene Kürbisfleisch, die Eidotter-Marzipan-Masse und die Mehlmischung nacheinander unter den Schnee heben.

5. **Silikonförmchen oder ein Muffinblech** mit Papierförmchen auslegen und diese mit der Masse befüllen. Im Backrohr bei 160 °C Heißluft 20–25 Minuten backen.

6. **Für das Topping** Butter und Staubzucker cremig schlagen, den Vanillepudding nach und nach zugeben. Das fertige Topping mithilfe eines Spritzbeutels auf die ausgekühlten Cupcakes dressieren, mit gehackten Kürbiskernen verzieren.

Wenn Sie einen Hokkaido-Kürbis verwenden, entfällt das Schälen. Für das Rezept eignet sich aber genauso gut ein Moschuskürbis, wie etwa der Lange von Neapel oder der Muskatkürbis.

Zwetschkenpie

für 1 Tarte- oder Tortenform

❧

270 g glattes Mehl
180 g Butter
80 g Staubzucker
1 Eidotter
1 Prise Salz
1 Prise Zimt
Schale v. 1 unbehandelten
Zitrone
600 g Zwetschken
3 EL Kristallzucker
1/2 TL Zimt
1 EL Stärke

❧

1. Für den Mürbteig auf einer Arbeitsfläche das Mehl mit der kühlen, in Stücke geschnittenen Butter abbröseln, Staubzucker, Eidotter, Salz, Zimt und Zitronenschale zufügen und rasch zu einem glatten Teig verkneten, 1/2 Stunde zugedeckt kühl rasten lassen (der Teig soll nicht austrocknen).

2. Zwetschken vierteln und mit Zucker, Zimt und Stärke vermischen.

3. Mehr als die Hälfte des Teiges rund ausrollen, in die Form legen und einen Rand hochziehen. Zwetschken-gemisch darauf verteilen. Restlichen Teig rund ausrollen und wie einen Deckel auf die Zwetschken legen. Rand so gut wie möglich verschließen. Mit einer Gabel mehr-mals einstechen.

4. Bei 180 °C Heißluft ca. 45 Minuten backen.

Zwetschkenstreuselkuchen

für 1 Backblech

Für den Teig

4 Eier, getrennt

4 eischwer Butter

4 eischwer Staubzucker

4 eischwer Mehl

ca. 1,5 kg Zwetschken
oder Marillen

Für die Streusel

150 g griffiges Mehl

60 g geriebene Mandeln

Schale v. 1 unbehandelten
Zitrone

1 Msp. Zimt

80 g Kristallzucker

120 g Butter, zerlassen

1. **Die 4 Eier abwiegen** und die übrigen Zutaten dementsprechend wiegen.

2. **Für den Rührteig** Butter mit Staubzucker schaumig rühren, nach und nach langsam die Eidotter zugeben, weiterrühren. Eiklar zu Schnee schlagen und abwechselnd mit dem Mehl unter die Eidottermasse heben.

3. **Ein Backblech** mit Backpapier auslegen, die Teigmasse gleichmäßig darauf verteilen. Das Backrohr vorheizen auf 180 °C Heißluft.

4. **Die Früchte waschen**, halbieren, entkernen und gleichmäßig auf dem Teig mit der Innenseite nach oben verteilen, eventuell etwas anzuckern.

5. **Für die Streusel** alle Zutaten bis auf die Butter in einer Schüssel vermengen. Die Butter zerlassen und darübergießen, mit dem Kochlöffel umrühren, bis sich Klümpchen bilden. Diese dann mit den Fingern über den schon mit Obst belegten Teig regelmäßig verteilen und im Backrohr ca. 30 Minuten goldbraun backen.

Statt der Zwetschken kann man auch z.B. Marillen oder Äpfel verwenden.

Saftige Apfelmuffins

4 Eier
160 g Staubzucker
100 g Mehl
60 g Mandeln, gerieben
3 Äpfel, grob geraspelt
1 Prise Zimt

❧

1. **Die ganzen Eier** mit Staubzucker gut schaumig schlagen. Mehl, geriebene Mandeln und grob geraspelte Äpfel unterheben.

2. **Papierförmchen mit dem Teig befüllen** und im Rohr bei 200 °C Heißluft ca. 10 Minuten backen.

Ein Muffinsrezept ohne Backpulver!

Physalis-Schokolino

10-12 Physalis
100 g Schokolade
10 Blätter Schokominze,
sehr fein gehackt
1 TL Zimt

❧

1. **Sehr fein gehackte Schokominze** in sanft geschmolzene Schokolade rühren, die Physalis (Andenbeeren) darin eintauchen und trocknen lassen, dabei die Blätter auf der Frucht belassen und nur zur Seite drehen.

2. **Abschließend** in etwas Zimt wälzen.

Für Zimtliebhaber eine köstlich fruchtige Nascherei!

Traubenkuchen
mit Mascarpone

für 1 Springform mit 26 cm Ø

❧

Für den Teig

80 g weiche Butter

50 g Staubzucker oder

60 g Honig

1 Prise Salz

1 Ei

50 g Haselnüsse

Schale v. 1 unbehandelten

Zitrone

150 g Weizen- oder

Dinkelmehl

Butter für die Form

❧

Für den Belag

250 g kernlose blaue

Weintrauben

250 g kernlose weiße

Weintrauben

4 Blatt Gelatine

250 ml Milch

250 g leichter Mascarpone

1/2 TL Vanillemark

2 TL Zucker oder Honig

50 g Mandelblättchen

❧

1. **Für den Teig** mit den Quirlen des Handmixers Butter, Staubzucker und Salz 1–2 Minuten cremig rühren. Das Ei zugeben und die Masse noch 1–2 Minuten weiterrühren. Haselnüsse, Zitronenschale und Mehl dazugeben und alles ganz kurz zu einem weichen Teig verrühren.

2. **Backrohr auf 175 °C Heißluft vorheizen.** Die Form ausbuttern, den Teig rund ausrollen und in die Form geben, mit den Fingern einen 2–3 cm hohen Rand formen. Den Tortenboden 15–20 Minuten mittelbraun backen, abkühlen lassen.

3. **Für den Belag** die Weintrauben waschen und abtropfen. Gelatine in kaltem Wasser 3 Minuten einweichen, ausdrücken. In einem kleinen Topf die Milch mäßig erhitzen und die Gelatine darin auflösen, 15 Minuten kühl stellen. Dann den Mascarpone und das Vanillemark einrühren und süßen.

4. **Die Mascarponecrème** bis auf einen kleinen Rest auf den ausgekühlten Boden streichen, die Trauben daraufsetzen. Die restliche Crème auf den Tortenrand streichen.

5. **Die Mandelblättchen** in einer trockenen kleinen Pfanne goldbraun rösten, dabei immer wieder umrühren, und auf den Tortenrand drücken. Vor dem Anschneiden 1–2 Stunden kühl stellen.

Früchte nach Saison verwenden!

Kärntner Reindling

für 1 Kranzkuchenform

ersatzweise Guglhupfform
oder ein »Reindl«

❧

Für den Germteig

3/16 l Milch
150 g Butter
80 g Kristallzucker
1 Pkg. Vanillezucker
Schale v. 1 unbehandelten
Zitrone
1 Ei
2 Eidotter
500 g glattes Mehl
1/2 Pkg. frischer Germ oder
1 Pkg. Trockengerm
1 Prise Salz
Eidotter

❧

Für die Fülle

100 g Butter
100 g brauner Zucker
1–2 EL Honig
100 g grob geriebene Nüsse
2 EL Zimtpulver
100 g Rosinen

❧

1. **Für den Germteig** in einem kleinen Topf zuerst 125 ml von der Milch erwärmen, Butter darin schmelzen, Zucker, Vanillezucker und die abgeriebene Zitronenschale dazugeben, vom Herd nehmen, das restliche 1/16 l Milch hinzufügen, sodass das Gemisch wieder abkühlt, erst dann das Ei und die Eidotter zugeben und mit einer Gabel versprudeln.

2. **In der Rührschüssel** Mehl, Trockengerm und Salz vermengen (bei Verwendung von frischem Germ diesen vorerst in der lauwarmen Milch auflösen), das Milch-Eier-Gemisch zum Mehl hinzufügen und mit dem Knethaken so lange abarbeiten, bis sich der Teig vom Schüsselrand löst. Wenn der Teig zu weich ist, noch Mehl zugeben, mit einem Tuch abdecken und an einem warmen Ort gehen lassen.

3. **Den Teig zusammenschlagen** und zu einer rechteckigen Teigplatte (1 cm dick) ausrollen. Zuerst mit zerlassener Butter, dann mit Zucker, Honig, Nüssen, Zimt und Rosinen bestreuen bzw. beträufeln und fest zusammenrollen. Schneckenförmig in eine gut bebutterte Tortenform mit Kranzkucheneinsatz legen, nochmals 30 Minuten gehen lassen. Im Backrohr zuerst bei heißer, dann bei mäßiger Temperatur (maximal 170 °C Heißluft) 40–45 Minuten, jedoch nicht zu lange backen.

4. **In der Form** kurz überkühlen lassen, dann herausstürzen.

Info: Der original Kärntner Reindling wurde früher in einer »irdenen Rein«, einer Backform aus Steingut, gebacken. Daher kommt auch der Name.

Obst-Mandel-Kuchen
mit Rahmguss

für 1 Springform mit 24 Ø

❧

Für den Teig

3 Eier

120 g Staubzucker

150 g abgezogene Mandeln,
gerieben

Schale v. 1 unbehandelten
Orange

3 EL Orangensaft

4 Tropfen Bittermandelöl oder
Amaretto

60 g Erdäpfelmehl

Butter und Mandelblättchen
für die Form

Obstauflage nach Saison

❧

Für den Guss

250 ml Sauerrahm

2 Eier

2 EL Staubzucker

Bourbonvanille

1. **Für den Rührteig** die ganzen Eier mit dem Zucker schaumig rühren, geriebene Mandeln, Orangenschale, Orangensaft und Bittermandelöl zugeben, Erdäpfelmehl unterheben.

2. **Masse in die gebutterte,** mit Mandelblättchen ausgestreute Springform füllen und dicht mit blättrig geschnittenem Obst nach Saison belegen. Äpfel, (4–5 Stück) blättrig geschnitten, (oder Marillen, Zwetschken, …), würzen mit 1 Prise Zimt und Zitronensaft (falls das Obst nicht säuerlich genug ist).

3. **Für den Guss** Sauerrahm, Staubzucker, Zucker und Bourbonvanille verrühren und gleichmäßig darüberleeren, bei 170 °C Heißluft 45–50 Minuten backen.

Die Mandelmasse kann auch ohne Obstauflage und Guss gebacken werden, dann allerdings in einer kleineren Tortenform von 20–22 cm Durchmesser. Dann ist es quasi ein Mandel-Blitzkuchen für die Nachmittagsjause zum Kaffee oder Tee.

Mohn-Honig-Gugelhüpfchen

3 Eier
120 g Staubzucker
1/2 Pkg. Vanillezucker
3 EL Honig
1 EL Rum
120 g Butter
150 g Mehl
1 TL Backpulver
250 ml Buttermilch
70 g Mohn

❦

Für die Glasur
1 EL Zitronensaft
5 EL Staubzucker
1 EL Honig

❦

1. **Eidotter mit Zucker, Vanillezucker, Honig und Rum** schaumig rühren, die erweichte Butter zufügen und noch kurz weiterrühren. Mehl mit Backpulver gut vermischen und abwechselnd mit der Buttermilch und dem Mohn unter die Masse heben. Eiklar zu Schnee schlagen und ebenfalls unterheben.

2. **Kleine Gugelhupfförmchen ausbuttern**, bemehlen und mit der Masse befüllen. Bei 180 °C Heißluft im Rohr ca. 20 Minuten backen, vor dem Stürzen etwas auskühlen lassen.

3. **Für die Glasur** die Zutaten vermischen, glattrühren und die Gugelhüpfchen glasieren.

Hollerkoch
mit Schokoladenminze

125 ml Rotwein

100 g Kristallzucker

3 Gewürznelken

1 Zimtstange

250 g Holunderbeeren, gerebelt

2 Birnen, würfelig geschnitten

250 g Zwetschken, geviertelt

1 Zweig Schokoladenminze

1 EL Maizena

1. **Rotwein mit Zucker,** Gewürznelken und Zimtstange aufkochen, Holunderbeeren zugeben, 5 Minuten köcheln.

2. **Nun Birnen und Zwetschken hinzufügen,** gehackte Minzeblätter zugeben und 10 Minuten köcheln.

3. **Mit in etwas Wasser** angerührtem Maizena eindicken.

4. **In heiß ausgespülte Gläser füllen** und verschließen.

Hollerkoch passt perfekt zu diversen Desserts wie Topfenspeisen, süße Schmarren, als Füllung von Palatschinken, oder auch als Beilage zu Wildgerichten und Geflügel.

Alternativ kann der Hollerkoch gut eingefroren werden. Er bietet so eine bunte Abwechslung für die Wintermonate!

Bitte achten Sie schon beim Pflücken der vitamin- und mineralstoffreichen Holunderfrüchte auf das starke Färben der reifen Beeren. Übrigens sind die Früchte roh ungenießbar, sogar leicht giftig. Sie schmecken herb-adstringierend und müssen daher immer gesüßt werden.

Altes Kinderlied

»Ringer, ringer, reiher

Samma unser dreier

Sitzen unterm Hollerbusch

Machen alle husch, husch, husch!«

Apfel-Kürbis-Marmelade
mit grünem Pfeffer

500 g säuerliche Äpfel
500 g Kürbisfleisch
500 g Gelierzucker 2:1
Saft v. 2 Zitronen
3 EL grüne Pfefferkörner
1 Schuss Apfelschnaps
1 Handvoll Minzeblätter,
kleingehackt

1. **Äpfel dünn schälen,** Kerngehäuse entfernen und in kleine Würfel schneiden, Kürbisfleisch ebenfalls in kleine Würfel schneiden, beides in einen höheren Topf geben, Gelierzucker, Zitronensaft und Pfefferkörner zufügen.

2. **Das Gemisch mindestens 10 Minuten köcheln lassen,** mit dem Mixstab pürieren, Apfelschnaps und fein gehackte Minzeblätter unterrühren.

3. **Noch heiß in ganz saubere Twist-off-Gläser füllen,** sofort verschließen und kurz umgedreht stehen lassen.

Quittenbrot

1,5 kg Quitten
Saft v. 1 Zitrone
250 ml Wasser
500 g Kristallzucker
200 g Honig

❧

etwas grober Zucker
zum Wälzen

❧

1. **Quitten mit einem Tuch gut abreiben,** dabei den Flaum entfernen und unter kaltem Wasser abbürsten. Ungeschält in Stücke schneiden, dabei den Stiel und Blütenansatz entfernen.

2. **Fruchtstücke mit Zitronensaft** im Wasser 30 Minuten weichkochen. Das Mus mithilfe einer Flotten Lotte (mittleres Sieb) passieren und zusammen mit dem Kristallzucker und dem Honig unter Rühren mindestens 30 Minuten kochen. Die Masse muss dicklich werden!

3. **Das Backblech mit Backpapier auslegen,** Quittenmus auftragen und glattstreichen. Nun im Backrohr bei 140 °C Heißluft 2 Stunden langsam trocknen. Die Backrohrtüre nach der Hälfte der Zeit einen Spalt breit offen lassen, anschließend 2 Tage an einem warmen Platz nachtrocknen.

4. **In Rauten schneiden und in grobem Zucker wälzen.** Beim Aufbewahren die einzelnen Schichten mit Backpapier oder Folie trennen.

Die Quitten sollten richtig reif sein. Denn dann sind sie nicht mehr so hart und lassen sich mithilfe eines scharfen Messers gut schneiden.

Weintrauben-Relish
mit Rosmarin

300 g Weintrauben
(entkernt oder kernlos)
300 g Heidelbeeren
(Schwarzbeeren)
150 g rote Zwiebeln
3 Knoblauchzehen
1 Pfefferoni
2 EL Öl
3 Zweige frischer Rosmarin
1/10 l Aceto Balsamico
di Modena
100 g Zucker
Salz

1. **Weintrauben rebeln, waschen und halbieren,** Heidelbeeren verlesen und waschen, Zwiebel schneiden, Knoblauch hacken, Pfefferoni fein schneiden.

2. **Öl in einem Topf erhitzen,** Zwiebel glasig werden lassen, Knoblauch und Pfefferoni kurz mitbraten. Nun die restlichen Zutaten zugeben und bei mittlerer Hitze 10 Minuten kochen lassen, immer wieder umrühren. Die Rosmarinzweige entfernen.

3. **Mit dem Stabmixer im Topf grob zerhacken** und dann noch ein paar Minuten köcheln lassen.

4. **Das fertige Relish ganz heiß in Gläser füllen,** sofort verschließen und einige Minuten auf den Deckel stellen, umdrehen, abkühlen lassen und anschließend kühl lagern.

Das pikante Relish ist eine feine Ergänzung zu allerlei Käse!

Selbstgemachtes
Hot-Ketchup

für gut 1 l Ketchup

❧

1,5 kg reife Paradeiser

500 g Zwiebeln

1/2 roter Paprika

1/2 grüner Paprika

2 Kirschpfefferoni

Gewürzsäckchen mit

3 Wacholderbeeren, 3 Nelken,

3 Lorbeerblättern und

1 Stückchen Zimtstange

(wirklich nur ein kl. Stück)

1 Zweig Liebstöckl

2 Zweige Thymian

3 Zweige Petersilie

1 Msp. Muskatnuss, gerieben

1 TL Paprikapulver

1 TL Salz

2 EL Zucker

2 EL Honig

1/16 l Apfelessig

1 TL Worcestersauce

❧

1. **Gemüse klein schneiden** und in einem hohen Topf zusammen mit dem Gewürzsäckchen weichköcheln.

2. **Nach 30 Minuten** das Gewürzsäckchen entfernen und die Kräuter Liebstöckl, Thymian, Petersilie sowie etwas geriebene Muskatnuss, Paprikapulver, Salz, Zucker und Honig zufügen, eine weitere halbe Stunde köcheln.

3. **Paradeissauce passieren.** Falls nötig, noch etwas einreduzieren. Mit Apfelessig und Worcestersauce würzen. Noch heiß in saubere Flaschen oder Gläser füllen und gut verschließen. Geöffnete Flaschen immer im Kühlschrank aufbewahren und rasch verbrauchen!

Selbstgemachtes Ketchup aus (eigenen) frischen Paradeisern ist immer etwas heller als industriell erzeugtes. Es schmeckt natürlich auch etwas anders. Geben Sie Ihren Geschmacksnerven die Chance einmal ein nicht industriell erzeugtes Ketchup kennenzulernen!

Selleriesalz

Wenn Sie im Herbst nicht mehr wissen, wohin mit dem vielen Blattgrün von Stangen- oder Knollensellerie, dann machen Sie einfach Selleriesalz:

Sie benötigen dafür *Sellerieblätter* (2 Teile) und *Stein- oder Meersalz* (1 Teil)

Die Sellerieblätter im Rohr bei 60 °C Heißluft trocknen, die Backrohrtüre dabei einen winzigen Spalt offen lassen, sodass die feuchte Luft entweichen kann. Die getrockneten Blätter mit Meersalz in einem Multihacker mixen und in einem Schraubglas aufbewahren.

Kräutersalz

2 Teile getrocknete Kräuter wie Basilikum, Bohnenkraut, Dille, Liebstöckl, Majoran, Petersilie, Oregano, Thymian, Rosmarin, Ysop
1 Teil Salz

Die getrockneten Kräuter mit dem Salz in einem Multihacker vermahlen. In einem Gewürzglas aufbewahren.

WINTER

Rotkrautaufstrich

1 rote Zwiebel,
sehr fein gehackt
200 g Rotkraut, feinnudelig
geschnitten
1 nussgroßes Stück Butter
100 g Topfen (20 % F.i.T.)
200 g Frischkäse
einige Tropfen Zitronensaft
Salz, Pfeffer
gemahlener Kümmel
gemahlener Galgant

❧

1. **Zwiebel und Rotkraut** in der Butter 5 Minuten dünsten, abkühlen lassen.

2. **Topfen und Frischkäse verrühren,** mit den Gewürzen und dem überkühlten Rotkraut vermischen, abschmecken.

Claudias Gerstensuppe
mit Huhn und Porree

60 g Rollgerste
20 g Butter
200 g Porree
200 g Hühnerfleisch
1 l Gemüsebrühe
Salz, Cayennepfeffer
2 EL Schnittlauch

❧

1. **Die Gerste** in einem Sieb mit kaltem Wasser abspülen, bis das Wasser klar bleibt, gut abtropfen lassen.

2. **In der warmen Butter** den in feine Ringe geschnittenen Porree und das in feine Streifen geschnittene Hühnerfleisch anschwitzen, die Gerste zugeben. Mit Gemüsebrühe aufgießen, aufkochen, Hitze zurückschalten und zugedeckt 20 Minuten köcheln lassen.

3. **Mit Salz und Cayennepfeffer abschmecken** und mit Schnittlauch servieren.

Rote Linsensuppe
mit Ingwer

1 Zwiebel

2 EL Öl

2 Knoblauchzehen

1/16 l Weißwein

200 g rote Linsen

1 EL Currypulver

1 l Gemüsebrühe

250 ml Kokosmilch

1 mittelgroßes Stück Ingwer

1 Chilischote oder 2 Pfefferoni

Salz, Pfeffer

1 Schuss Zitronensaft

frischer Schnittlauch

1. **Zwiebel in Öl glasig anschwitzen,** Knoblauch dazugeben, mit Weißwein ablöschen.

2. **Trockene rote Linsen und Currypulver dazugeben,** mit Gemüsebrühe und Kokosmilch aufgießen.

3. **Ingwer in die Suppe reiben,** klein gehackte Chili oder Pfefferoni zugeben, maximal 10 Minuten köcheln lassen, bis die roten Linsen weich sind.

4. **Mit Salz, Pfeffer und Zitronensaft abschmecken** und mit Schnittlauch bestreuen.

Ingwer Das Küchengewürz kommt aus dem südlichen Asien und wird seit 3000 Jahren auch als Heilpflanze eingesetzt. Gingerole sind die Hauptinhaltsstoffe des Ingwers. Sie haben entkrampfende, antioxidative und antientzündliche Wirkung. Bei Halsschmerzen tut ein Tee aus frischem Ingwer gut: einige Ingwerscheiben mit kochendem Wasser übergießen, mit Honig süßen und schluckweise trinken. Frischer Ingwer wird vor dem Reiben immer geschält. Er schmeckt leicht scharfpfeffrig und duftet stark.

Kohlsuppe
mit Äpfeln

1 Zwiebel
2 EL Butter
2 EL Mehl
1 EL Curry
800 ml Hühnersuppe
Salz, Pfeffer
1/2 TL Kümmel, ganz
1/2 Becher Schlagobers
300 g Kohl
1 Apfel

1. **Klein geschnittene Zwiebel in Butter anschwitzen,** Mehl und Curry zugeben und kurz mitrösten. Mit der Hühnersuppe aufgießen, salzen, pfeffern und aufkochen lassen, dann das Schlagobers zugießen.

2. **Kohl in feine Streifen schneiden,** Apfel mit der Schale in kleine Würfel schneiden.

3. **Kohlstreifen und Apfelstücke in die Suppe geben** und nur mehr ein paar Minuten köcheln lassen, zum Schluss abschmecken.

Die Kohlsuppe ist eine gute Gelegenheit, Kohl in den Speiseplan einzubauen: Durch das Schlagobers und die Äpfel wird der etwas hantige Eigengeschmack des Kohls gemildert.

Krautsuppe

für 8 Personen

❧

1/2 Weißkrautkopf

2 Zwiebeln

2 Karotten

1 Scheibe vom Knollenselllerie

oder 2 Stangen

vom Stangensellerie

(samt dem Grün)

100 g Speckwürfel

2 EL Rapsöl

1 gehäufter EL Paprikapulver

2 EL Paradeismark

1,2 l Gemüsebrühe

Salz, ganzer Kümmel,

Cayennepfeffer

❧

1. **Kraut putzen und feinnudelig schneiden,** Zwiebeln fein schneiden, Karotten und Sellerie in kleine Stücke schneiden.

2. **In einem hohen Topf** die Speck- und Zwiebelwürfel in Öl anrösten, Gemüse und Paprikapulver kurz mitrösten, Paradeismark zugeben und mit Suppe aufgießen. Mit Salz, Kümmel und Cayennepfeffer würzen.

3. **20 Minuten auf kleiner Flamme köcheln lassen,** nochmals abschmecken.

Eine vegetarische Variante wäre: einfach die Speckwürfel weglassen und kräftiger würzen.

Rote-Rüben-Suppe

1 Zwiebel

30 g Butter

2 Rote Rüben (ca. 250 g)

1 Erdapfel

1 l Gemüsebrühe

Salz, Pfeffer

125 ml Schlagobers

2 EL Oberskren

Pimpinelle zum Dekorieren

1. **Zwiebel fein hacken** und in Butter glasig anschwitzen. Rote Rüben und Erdapfel schälen und in Würfel schneiden. In den Topf geben und kurz anschwitzen, dann mit der Gemüsebrühe aufgießen und auf kleiner Flamme weichkochen.

2. **Die Suppe pürieren.** Mit Salz und Pfeffer würzen. Das Schlagobers zugeben und mit dem Kren unterziehen. Mit Pimpinelle garnieren.

Pimpinelle (kleiner Wiesenknopf) ist ein wertvolles Gewürzkraut mit fein gefiederten Blättchen für Salate, Suppen, Brotaufstriche, Gurken- und Kürbisgerichte. Sie wird ungefähr 60 cm hoch und bevorzugt einen vollsonnigen Standort. Geerntet wird die ganze Pflanze ohne Wurzel.

Grüne Erbsencrèmesuppe
mit Würsteln

1 kl. Zwiebel

2 kl. Karotten

3 Erdäpfel

1 Scheibe Knollensellerie

1 kl. Stange Porree

1 EL Rapsöl

1 l Gemüse- oder Hühnersuppe

1 Lorbeerblatt

3 Wacholderbeeren

300 g tiefgekühlte Erbsen

50 g Schlagobers

Salz, Pfeffer

1 Paar Frankfurter

1/2 Bund Petersilie

1. **Zwiebel und Gemüse schälen** und grobwürfelig schneiden, in einem hohen Suppentopf in Öl anrösten, mit Suppe aufgießen und mit dem Lorbeerblatt und den Wacholderbeeren 10 Minuten köcheln. Dann 2/3 der Erbsen zufügen und ein paar weitere Minuten köcheln.

2. **Wacholder und Lorbeer** aus der Suppe entfernen. Schlagobers zugeben und die Suppe mit dem Mixstab pürieren. Mit Salz und Pfeffer abschmecken. Nun das restliche Drittel Erbsen und die blättrig geschnittenen Würstel in den Topf geben und weitere 5 Minuten am Herd lassen. Mit gehackter Petersilie bestreuen.

Lorbeer ist ein immergrüner Gewürzstrauch. Er passt gut zu den Kräutern im Garten oder Balkon und bringt südländischen Charme in den Kräutergarten. Allerdings muss Lorbeer im Topf gehalten werden, denn er muss frostfrei überwintert werden! Die im Ganzen verwendeten Blätter des Lorbeers würzen Suppen und Eintöpfe. Nach dem Kochen werden sie aus den Speisen entfernt.

Pastinakencrèmesuppe

1 Zwiebel

2 Knoblauchzehen

150 g Pastinaken

1 Karotte

1 Erdapfel

1/2 Apfel

1 EL Butter

1 EL Kurkuma (oder Curry)

1 TL Kümmel, gemahlen

1 TL Koriander, gemahlen

1/2 TL Kardamom, gemahlen

1 l Gemüsebrühe

250 ml Schlagobers

Salz, Pfeffer

Kerbel, gehackt

1. **Zwiebel, Knoblauch, Pastinaken,** Karotte und Erdapfel schälen und schneiden, Apfel schneiden. Zwiebel in Butter anschwitzen, dann die zerdrückten Knoblauchzehen und die Gewürze zufügen, kurz zusammen dünsten.

2. **Anschließend mit der Gemüsebrühe aufgießen** und leicht köcheln lassen, bis die Pastinaken weich sind (15–20 Minuten). Das Schlagobers zugeben und die Suppe mit dem Mixstab pürieren. Abschmecken, mit gehacktem Kerbel anrichten.

Pastinaken: Vor dem Zeitalter der Erdäpfel waren die Pastinaken selbstverständlich in den Küchen des alten Europa zu finden. Sie wurden jedoch fast vollkommen verdrängt. Pastinaken haben einen intensiven, etwas nussigen, leicht süßlichen Geschmack und sehen den Petersilienwurzeln zum Verwechseln ähnlich! Sie eignen sich gut für Suppen, Pürees oder geschmortes Gemüse. Ich liebe sie als einfaches gedünstetes Gemüse mit Kräutern und kaltgepresstem Öl. Inhaltsstoffe: ätherische Öle, Kalium, Kalzium, Magnesium und Eisen; praktisch kein Fett.

Gebratenes Lamm
mit frischer Minzsauce

800 g ausgelöste Lammkeule
(vom heimischen Züchter)
Salz, Pfeffer aus der Mühle
1 EL Thymian, abgerebelt
4 Knoblauchzehen, zerdrückt
1 EL Olivenöl

❦

Für die Sauce
100 g Erdäpfel, geschält
250 g Wurzelgemüse, geschält
(wie Karotten, Möhren,
Pastinaken, Petersilwurzeln,
Porree, Sellerie, Selleriegrün,
Petersilgrün)
20 g Butter
200 ml Wasser oder
Gemüsebrühe
125 ml Schlagobers
etwas Salz
2 EL frische Minzeblätter

❦

1. **Das Lammfleisch** mit Salz, Pfeffer, Thymian und den zerdrückten Knoblauchzehen würzen. Ein Backblech oder eine feuerfeste Form (Tontopf) mit dem Öl bestreichen, Lamm daraufsetzen und im heißen Rohr bei 220 °C Heißluft 20 Minuten zart rosa garen.

2. **Für die Sauce** Erdäpfel und Wurzelgemüse würfelig schneiden, Butter in einem kleinen Topf erwärmen, Gemüse darin leicht anschwitzen, mit Wasser oder Gemüsebrühe aufgießen und zugedeckt 10 Minuten köcheln lassen. Danach mit Schlagobers, Salz und den Minzeblättern mit dem Stabmixer gleich im Topf pürieren.

3. **Beim Anrichten vorgewärmte Teller verwenden** und die Fleischtranchen vom zart gebratenen Lamm auf etwas Sauce setzen.

   Dazu passt: Butterfisolen oder Safran-Polenta (siehe nachstehendes Rezept).

Safran-Polenta

350 ml Rindsuppe

250 ml Milch

1 EL Butter

Selleriesalz

120 g Polenta

1/2 TL Safran

150 g Butternuss-Kürbis

2 EL Butter

3 EL Paradeiser, getrocknet
und klein geschnitten

1. **Rindsuppe und Milch erhitzen,** Butter und Selleriesalz dazugeben. Langsam, unter ständigem Rühren, die Polenta einrieseln lassen, mindestens 30 Minuten auf kleiner Flamme köcheln und immer wieder umrühren, bis die Masse eindickt. Safran in wenig warmem Wasser auflösen und am Ende der Kochzeit beimischen.

2. **Den geschälten Butternuss-Kürbis** in Stücke schneiden, in einer Pfanne in Butter anbraten und weichdünsten, dann mit der Gabel zerdrücken oder pürieren und zur Polenta geben. Die getrockneten, klein geschnittenen Paradeiser unterrühren.

Wussten Sie, dass Safran in Österreich angebaut wird? Falls Sie also keinen im Garten haben – was fast anzunehmen ist –, besorgen Sie Safran aus österreichischem Anbau. Da wissen Sie, was Sie gekauft haben. Denn für 1 kg Safran werden 150.000 Krokusblüten gebraucht.

Rindsschnitzel
mit Gemüsestreifen

800 g Rindsschnitzel
Salz, Pfeffer aus der Mühle
Rapsöl zum Anbraten

❧

Für die Sauce
200 g Erdäpfel
50 g Porree
1 Stange vom Stangensellerie
(samt dem Grün)
30 g Butter
1/16 l Rotwein
250 ml Gemüsebrühe
Salz
etwas Muskatnuss, frisch
gerieben
120 g Wurzelgemüse:
Karotten, Porree, Pastinaken,
Sellerie oder Möhren,
feinstiftelig (Julienne)
geschnitten
1/16 l Sauerrahm
1 EL Kräuter

❧

1. **Rindsschnitzel salzen,** pfeffern und in Öl beidseitig anbraten, aus der Pfanne nehmen.

2. **Erdäpfel schälen und schneiden,** Porree und Stangensellerie ebenfalls schneiden. In der gleichen Pfanne wie das Fleisch nun das geschnittene Gemüse in Butter anschwitzen, alles zusammen mit dem Rotwein und der Gemüsebrühe aufgießen, mit Salz und Muskatnuss würzen. Schnitzel wieder in die Pfanne geben und zugedeckt bei schwacher Hitze eine Stunde schmoren lassen.

3. **Das Julienne geschnittene Wurzelgemüse** extra in einem kleineren Topf mit Wasser kernig weich dämpfen (das Kochwasser als Gemüsebrühe verwenden!).

4. **Die gegarten Rindsschnitzel** aus der Pfanne herausnehmen, den Saft mit Sauerrahm und Kräutern mixen. Zum Schluss die Wurzelstreifen einlegen.

Das passt dazu: Erdäpfel vom Blech und Fisolen.

Brasilianische *Hendltorte*

für 1 Tortenform mittelgroß

Für den Teig
5 Eidotter
5 Eiklar
250 ml Milch
125 ml Öl
100 g Parmesan, frisch
gerieben (davon 50 g zum
Bestreuen)
200 g glattes Mehl
1 EL Backpulver
1 TL Salz
etwas Butter für die Form

Für die Füllung
3 Hendlbirgerl (Hühnerkeulen),
gekocht und ausgelöst
300 g tiefgekühlte Erbsen

1. **Zuerst das Eiklar schlagen,** danach Eidotter, Milch, Öl, die Hälfte des Parmesans, Mehl, Backpulver und Salz dazugeben und alles zu einem Teig vermischen.

2. **Tortenform ausbuttern,** die Hälfte des Teiges einfüllen und im vorgeheizten Backrohr bei 200 °C Heißluft nur 3 Minuten anbacken. Form herausnehmen, mit der Fleisch-Erbsen-Mischung befüllen und mit dem restlichen Teig und dem Parmesan (die zweite Hälfte davon) abdecken. Im Backrohr ca. 25 Minuten goldbraun backen.

Dazu passt: jede Art von Blattsalat.
Schmeckt auch kalt sehr gut.

Erdäpfelpuffer
mit Apfelmus

Für die Puffer

1 kg mehlige Erdäpfel

2 ganze Eier

4 EL Mehl

Salz, 1 Prise Muskatnuss

Öl zum Herausbacken

❧

Für das Mus

500 g Äpfel

etwas Zucker oder 2 Blätter
frische Steviablätter (Süßkraut)

Schale v. 1 unbehandelten
Zitrone

Zimt

250 ml Wasser

❧

Für die Erdäpfelpuffer

1. **Erdäpfel waschen und schälen,** grob in eine Schüssel reiben, mit Eiern, Mehl, Salz und Muskatnuss vermischen.

2. **In einer großen Pfanne** bodenbedeckt Öl erhitzen, pro Puffer ca. 2 EL der Masse in die Pfanne geben, sofort runde flache Laibchen formen und bei mittlerer Hitze beidseitig knusprig braten. Am besten sofort servieren, durch längeres Warmhalten leidet die Knusprigkeit!

Für das Apfelmus

1. **Äpfel mit der Schale vierteln,** das Kerngehäuse entfernen und in kleine Stücke schneiden.

2. **Die Apfelstücke, Zucker oder Süßkraut,** Zitronenschale und Zimt in einen Topf mit Wasser geben und ca. 5 Minuten auf kleiner Flamme weichdünsten. Anschließend mit dem Mixstab pürieren.

Um Apfelmus haltbar zu machen: Das fertige noch heiße Apfelmus in sauber vorbereitete Twist-off-Gläser geben, diese sofort verschließen und die Gläser kurz umdrehen. Kühl gelagert hält sich das Mus 3–4 Wochen auf Vorrat.

Chinakohl
knackig gebraten

1 kg Chinakohl
100 g Knoblauch
2 EL Sonnenblumenöl
etwas Sesamöl
1 EL Honig
1 Schuss Zitronensaft
1 Schuss Sojasauce
1 TL Salbei, getrocknet
evtl. etwas Ingwer, gerieben
2 EL Sesamsamen

1. **Äußere Blätter vom Chinakohl entfernen,** Chinakohl abspülen, längs halbieren und ohne Strunk nudelig schneiden. Den Knoblauch in dünne Scheiben schneiden.

2. **Das Sonnenblumenöl** mit etwas Sesamöl in einer geräumigen Pfanne erhitzen, Chinakohl und Knoblauch darin braten, bis die Blätter zusammenfallen, aber noch knackig sind. Etwas Honig mitrösten und mit Zitronensaft und Sojasauce ablöschen, durchrühren und vom Feuer nehmen, mit Salbei abschmecken, eventuell mit etwas geriebenem Ingwer verfeinern.

3. **Nun den Sesam rösten:** Eine kleine Pfanne ohne Fett heiß werden lassen und die Sesamsamen darin unter ständigem Rühren erhitzen, bis sie goldgelb ist. Sobald der Sesam nussartig duftet, aus der heißen Pfanne schütten, damit er nicht verbrennt.

4. **Chinakohl** in einer vorgewärmten Schüssel anrichten und mit dem Sesam bestreuen.

Das passt dazu: Erdäpfelschmarrn.

Chinakohl gehört zur großen Familie der Kohlarten und stammt ursprünglich, wie sein Name schon sagt, aus China. Er ist gut bekömmlich und wird zumeist roh als Salat gegessen. Schade eigentlich, denn kurz und knackig gebraten schmeckt er fantastisch!

Erdäpfelschmarrn

750 g Erdäpfel
4 EL Erdäpfelmehl
1 TL Salz
1 Ei
1 Msp. Muskatblüte (Macis)
Butter und Olivenöl gemischt
zum Braten
❧

1. **Die in der Schale gekochten Erdäpfel kalt abschrecken,** schälen und noch heiß zerquetschen. Erdäpfelmehl, Salz, Ei und Muskatblüte hinzufügen und verkneten.

2. **Butter und Öl in einer großen Pfanne erhitzen** und den Teig hineinkrümeln. Bei mittlerer Hitze etwa 15 Minuten goldbraun braten, immer wieder wenden oder die Pfanne bei guter Hitze im Backrohr fertigstellen.

Jeder von uns kennt den Erdäpfelschmarrn deftig mit viel gerösteter Zwiebel. Dieses Rezept ist mal eine Variante ohne Zwiebel. Das Erdäpfelmehl macht den Schmarrn statt deftig ein bisschen duftig.

Karotten-Pastinaken-Püree

300 g Pastinaken
300 g Karotten
Salz
Butter
Milch
Zitronensaft
Cayennepfeffer, Pfeffer,
Muskatnuss
❧

1. **Pastinaken und Karotten schälen** und in gesalzenem Wasser weichkochen.

2. **Butter in heißer Milch zergehen lassen** und zusammen mit dem abgegossenen Gemüse zerstampfen oder mit dem Stabmixer pürieren, würzen mit Zitronensaft, Cayennepfeffer, Salz, Pfeffer und Muskatnuss.

Varianten
Karotten-Erdäpfel, Kürbis-Erdäpfel, Sellerie-Erdäpfel. Die Konsistenz einfach mit Milch und Schlagobers regulieren.

Kohlgemüse
einmal anders

500 g Erdäpfel
1 Zwiebel
2 Knoblauchzehen
1 EL Butter
1 EL Paprikapulver
250 ml Gemüsebouillon
250 g Schlagobers
500 g Kohl (eine Kohlhälfte)
1 TL ganzer Kümmel
1 TL Majoran
Salz
gehackte Petersilie
zum Bestreuen

1. **Erdäpfel schälen und grobwürfelig schneiden,** Zwiebel und Knoblauch fein hacken und in einer tiefen breiten Pfanne in Butter leicht anrösten, Paprikapulver kurz mitrösten, mit Gemüsebrühe und Schlagobers aufgießen, Erdäpfelwürfel zugeben, salzen und diese zugedeckt gute 10 Minuten auf kleiner Flamme dünsten.

2. **Währenddessen den Kohl waschen,** den dicken Strunk herausschneiden und feinnudelig schneiden. Wenn die Erdäpfel fast weich sind, Kohl, Majoran und Kümmel zugeben und ein paar Minuten weitergaren, bis die Kohlblätter zusammengefallen sind. Der Kohl braucht nicht lange, bis er gar ist: Er behält bei kurzer Garzeit auch die schöne grüne Farbe und wird nicht fahl.

3. **In tiefen Tellern anrichten** und mit der gehackten Petersilie bestreuen.

Dieses Gericht ist auch für Nicht-Vegetarier eine komplette Speise. Für Fleischtiger bieten sich jedoch als Ergänzung Debreziner-Würstel an; sie schreien fast danach, mit dem »Köch« – wie man auf gut wienerisch sagt – verspeist zu werden.

Um Kindern den Kohl schmackhaft zu machen, bedarf es einiger Anstrengungen. Doch geben Sie nicht auf! Auf diese Art lieben ihn unsere Kinder schon lange!

Krautpiroggen

Für den Teig
250 g Butter
250 g Mehl
250 g Topfen (20 % F.i.T.)
Salz

❦

Für die Fülle
2 kl. Zwiebeln
20 g Butter
2 Knoblauchzehen
1/2 Weißkraut, fein gehobelt
2 rote Paprikaschoten,
kleinwürfelig geschnitten
je 1 TL Paprikapulver,
gemahlener Koriander,
getrocknetes Liebstöckl
Salz und Pfeffer, ganzer
Kümmel
100 g Brimsen oder Feta
1 Ei zum Bestreichen

❦

1. **Für den Teig:** Butter mit Mehl abbröseln, salzen, Topfen zugeben und rasch zu einem glatten Teig verarbeiten, kühl 30 Minuten rasten lassen.

2. **Für die Fülle** die kleingeschnittenen Zwiebeln in der Butter anschwitzen, gehackte Knoblauchzehen zugeben und das fein gehobelte Kraut darin nicht allzu lange garen, Paprikaschoten, Paprikapulver, Koriander, Liebstöckl, Salz, Pfeffer und Kümmel untermischen, abschmecken, vom Feuer nehmen und überkühlen lassen. Brimsen oder Feta hineinbröseln und sanft untermischen.

3. **Teig ausrollen,** Vierecke ausradeln, Ränder mit zerklopftem Ei bestreichen, Fülle daraufsetzen und die Teigtaschen formen. Nun nochmals mit Ei bestreichen, eventuell mit Kümmel bestreuen und im Backrohr bei 220 °C Heißluft 20–25 Minuten garen.

Kann warm oder kalt gegessen werden.
Das passt dazu: Erdäpfelpürree oder Kürbispüree.

Variante
Die Krautpiroggen können – bei gleicher Fülle – auch mit einem einfachen Germteig hergestellt werden:
300 g Weizenvollkornmehl, 1 Pkg. Trockengerm,
50 g weiche Butter, 90 ml Milch, 90 ml Wasser,
1/2 TL Zucker, 1/2 TL Salz, 1 Ei

Mangold-Erdäpfel-Pfanne
mit Ei

10–12 Blattstiele vom Mangold

4 gr. Erdäpfel

2 EL Rapsöl

1 gr. Zwiebel

3 Knoblauchzehen

1 nussgroßes Stk. frischer Ingwer

Salz, Pfeffer

6 Eier

3 Stängel Ysop

evtl. Schafkäsewürfel

1. **Mangoldstangen waschen und abtropfen lassen.** Erdäpfel waschen, schälen und würfelig schneiden. In einer Pfanne Öl erhitzen und die Erdäpfelwürfel darin bei schwacher Hitze zugedeckt anbraten. Vom Mangold die Stiele abschneiden und diesen sowie die Zwiebel in schmale Streifen schneiden, beides zu den Erdäpfeln geben und weitergaren. Knoblauch und Ingwer schälen, fein hacken und dazugeben. Mangoldblätter feinnudelig schneiden und in die Pfanne geben, salzen, pfeffern.

2. **Eier versprudeln, Ysop abrebeln,** hacken und in die leicht gesalzenen Eier geben, über die Mangoldpfanne leeren und eventuell mit Schafkäsewürfeln bestreuen.

Wer es gerne fleischig hat, macht Augsburger dazu!
Sollten bei der Mangold-Erdäpfel-Pfanne doch einmal Reste übrigbleiben, müssen diese kühl aufbewahrt werden.

Ysop wächst dicht buschig, blüht meist blau und eignet sich für eine niedrige Dufthecke genauso wie als Beeteinfassung oder in einer Gruppe zu Rosen gesetzt. Zahlreiche Öldrüsen locken Bienen und Hummeln an. Verwendung: frisch oder getrocknet für Eintöpfe, Salate, Suppen, Gemüse wie Bohnen, Fleisch, Fisch und Wild. Verwenden Sie ihn nur sparsam.

Rote-Rüben-Salat

2 kg Rote Rüben

Für die Marinade
2 dl Tafelessig
2 dl Wasser
Salz, Pfeffer
1/2 TL Kümmel aus der Mühle
1–2 EL Kren, frisch gerissen,
oder Kren aus dem Glas

1. **Die Roten Rüben** im Salzwasser kochen, schälen und hobeln.

2. **Eine Marinade** aus Essig, Wasser und Gewürzen aufkochen, die Roten Rüben damit übergießen, anschließend den Kren dazugeben und abschmecken.

3. **Noch heiß** in Twist-off-Gläser abfüllen und sofort verschließen. Kühl aufbewahren.

Vogerlsalat *mit Nüssen*

500 g Vogerlsalat
1 Schalotte
3 EL Walnüsse

Für die Marinade
Salz, Pfeffer
1 TL Honig
1 TL Senf
Saft v. 1/2 Zitrone
4 EL Kürbiskernöl

1. **Vogerlsalat** putzen und waschen.

2. **Schalotte fein hacken,** Nüsse grob hacken.

3. **Alle Zutaten** vermischen.

4. **Marinade aus den Zutaten verquirlen** und über den Salat gießen.

Sellerie *mit Mandarine*

600 g Sellerieknolle
(samt dem Grün)
Saft v. 1 Zitrone
3 Mandarinen
1 Handvoll Mandeln
evtl. Petersilie

❧

Für die Marinade
1 TL Salz
1 TL Honig
1 Msp. Nelkenpulver
6 EL Schlagobers
3 EL Öl

❧

1. **Sellerie putzen, waschen,** wenn notwendig schälen, Selleriegrün abschneiden und zur Seite legen. Sellerie raspeln und mit Zitronensaft beträufeln. Mandarinen schälen und in Spalten zerteilen, einige für die Dekoration aufheben, die übrigen klein schneiden und mit dem Sellerie mischen. Selleriegrün (oder ersatzweise Petersilie) und Mandeln fein hacken und beides zusammen unter den Sellerie und die Mandarinen mischen.

2. **Für die Marinade** Salz mit Honig, Nelkenpulver und Schlagobers verrühren. Öl zugießen und rühren, bis sich alle Zutaten gut miteinander verbunden haben.

3. **Die Marinade unter den Selleriesalat heben,** mit den restlichen Mandarinenspalten garnieren.

Mamas warmer Selleriesalat

500 g Knollensellerie

❧

Für die Marinade
500 ml Wasser
Salz nach Belieben
40 g Zucker
125 ml Tafelessig (5%ig)
250 ml Öl

❧

1. **Sellerie dünnblättrig schneiden,** am besten mit der Brotschneidemaschine und in einen Kochtopf geben.

2. **Zusammen mit der Marinade auf kleiner Flamme kochen,** bis der Sellerie bissfest weich ist. Warm oder kalt servieren.

3. **Rest samt der Flüssigkeit** in verschließbare Gläser einfüllen. Der Selleriesalat ist im Kühlschrank bis zu 2 Wochen haltbar.

Maroniparfait

für 1 Kastenform

❧

2 Eidotter
100 g Staubzucker
gut 1/16 l Milch
1/2 Vanilleschote
150 g Maronipürree
1 EL Cognac
250 ml Schlagobers
2 Eiklar

❧

1. **Eidotter und Zucker** sehr gut schaumig rühren.

2. **Milch mit der Vanilleschote aufkochen,** Vanillemark auskratzen und wieder zur Milch geben.

3. **Heiße Milch, Maronipürree und den Cognac** unter die Ei-Schaummasse rühren. Abkühlen lassen.

4. **Jeweils Schlagobers und Eiklar steifschlagen** und unter die Masse heben.

5. **Die Kastenform mit Klarsichtfolie auslegen** und die Maronimasse gleichmäßig einfüllen. 3–4 Stunden im Tiefkühler gefrieren lassen. Vor dem Servieren aus der Form stürzen und in gleich große Scheiben schneiden.

Mit Schokosauce, Vanilleeis oder Schlagobers kredenzen.

Topfenknödel
auf Zwetschkenragout

Für die Knödel

100 g Toastbrot

400 g Topfen (20 % F.i.T.)

3 Eidotter

1 ganzes Ei

30 g Butter

1 1/2 EL Staubzucker

1 Prise Salz

Schale v. 1/2 Zitrone

Für die Butterbrösel

100 g Butter

200 g Brösel

Zucker

evtl. Zimt

Für das Zwetschkenragout

100 g Zucker

150 ml Rotwein

100 ml Orangensaft

Saft v. 1/2 Zitrone

300 g Zwetschken, entkernt
und klein geschnitten

1 kl. Zimtstange

3 Gewürznelken

Maizena zum Binden

1. **Für die Knödel** Toastbrot entrinden und fein reiben. Anschließend alle Zutaten für die Knödel vermischen und kühl stellen.

2. **Für das Zwetschkenragout** den Zucker karamellisieren, mit Rotwein, Orangensaft und Zitronensaft auffüllen, Zwetschkenstücke, Zimt und Nelken zugeben, verkochen lassen und mit Maizena binden. Zimtstange und Nelken entfernen.

3. **Knödel formen** und ins leicht gesalzene, leicht wallende Wasser einlegen, bei mittlerer Temperatur eher ziehen als kochen lassen, bis sie alle oben auf schwimmen.

4. **Für die Butterbrösel** in einer Pfanne die Butter schmelzen und die Brösel gemeinsam mit Zucker und Zimt darin goldbraun rösten. Die fertigen Knödel in den Butterbröseln vorsichtig wälzen.

Die Zwetschken können je nach Saison mit anderen Früchten (wie etwa Beeren) ausgetauscht werden.

Karottentorte

für 1 mittlere Tortenform

❧

5 Eidotter

250 g Staubzucker

250 g Karotten

250 g Nüsse

1 EL Backpulver

80 g glattes Mehl

5 Eiklar

❧

Marmelade zum Füllen

Staubzucker zum Bestreuen

❧

Variante mit Schokoglasur

200 g Kochschokolade

200 g Butter

Butter und Mehl für die Form

❧

1. **Eidotter und Staubzucker schaumig rühren,** inzwischen Karotten und Nüsse fein reiben, Backpulver mit Mehl versieben, alles unter die Eidottermasse rühren.

2. **Schnee steifschlagen** und zuletzt unterheben.

3. **Masse in eine gebutterte, bemehlte Tortenform füllen** und langsam ansteigend bei 180 °C Heißluft backen. Ausgekühlt waagrecht mittig durchschneiden und mit heißer Marmelade – wir nehmen gerne Marillenmarmelade – dünn bestreichen, mit Staubzucker bestreuen.

Variante

Für die Schokoglasur Butter und Schokolade im Wasserbad zusammen erweichen und auf die mit Marmelade bestrichene Torte auftragen. Die Torte soll oben und seitlich komplett mit der Glasur bedeckt sein.

Im Winter passt eine Prise Nelkenpulver und Zimt dazu.

Ultimative Brownies
mit Walnüssen

**für 1 mittelgroße
Lasagneform**

❧

150 g Butter
250 g Bitterschokolade
3 gr. Eier
400 g Kristallzucker
2 TL Vanillezucker
1 Prise Salz
150 g Mehl
150 g Walnüsse, grob gehackt

❧

1. **Eine Auflaufform ausbuttern** oder mit Backpapier auslegen, das Backrohr auf 170 °C Heißluft vorheizen.

2. **Butter mit Schokolade** in einem Topf bei schwacher Hitze unter Rühren schmelzen, vom Herd nehmen.

3. **Eier mit Zucker, Vanillezucker und Salz schaumig rühren.** Mit der Schokoladenmasse, dem Mehl und den grob gehackten Walnüssen vermengen.

4. **Den trägen, nicht zu weichen Teig in die Form füllen** (maximal 2,5 cm hoch!), glattstreichen und 35–40 Minuten backen. Die Brownies sind fertig, wenn sie einen »Buckel« machen und sich vom Rand lösen. Dann heraus aus dem Rohr, auskühlen lassen und in quadratische Stücke (4 × 4 cm) schneiden.

Die Konsistenz sollte innen noch klebrig, also »chewy« sein. Für ein ganzes Haushaltsblech benötigt man die eineinhalbfache Masse.

Wenn Sie einen Guss machen wollen:
100 g Bitterschokolade mit 50 g Butter und 40 g Zucker unter Rühren schmelzen. Guss auf die fertig gebackenen Brownies streichen und festwerden lassen, dann schneiden oder nur mit Kakao bestreuen.

Gefüllter Lebkuchen

Für den Teig

500 g Roggenmehl

250 g brauner Zucker

100 g Butter

4 EL Honig

1 Pkg. Weinstein-Backpulver

1 Pkg. Lebkuchengewürz

3 ganze Eier

Für die Fülle

1 Kranz getrocknete Feigen

2 Pkg. Datteln

3 Pkg. Dörrzwetschken

150 g Rosinen

100 g Zitronat

4 EL Marmelade

etwas Rum

Für die Glasur

1 Eiklar

120 g Kristallzucker

1. **Für den Teig** alle Zutaten auf der Arbeitsfläche vermengen und zu einem Teig verkneten. Dieser muss nun – in Klarsichtfolie eingepackt – kühl rasten.

2. **Für die Fülle** die fruchtigen Zutaten abwechselnd durch den Fleischwolf faschieren. Zitronat, Marmelade und Rum zugeben.

3. **Aus dem Teig** zwei gleich große, rechteckige Teigplatten auswalken. Die erste der beiden auf ein Blech legen, die Fruchtmischung mithilfe eines breiten Messers darauf verteilen. Falls die Masse zu fest ist, noch etwas Marmelade und Rum einarbeiten, mit der zweiten Teigplatte abschließen. Die obere Teigplatte mit einer Gabel mehrmals einstechen. Im Rohr bei 175 °C Heißluft backen, bis der Lebkuchen Farbe angenommen hat. Überkühlen lassen.

4. **Für die Glasur** Eiklar mit Kristallzucker glattrühren und mit dem Pinsel auf den Lebkuchen streichen. Trocknen lassen und anschließend in kleine Rechtecke schneiden. In einer Blechdose aufbewahren

Der Arbeitsaufwand für diesen fruchtigen Lebkuchen lohnt sich! Aufbewahrt in einer Blechdose hält er 3–4 Wochen.

Das Rezept stammt von unserer früheren Nachbarin, die 101 Jahre alt wurde und bis zuletzt für ihre beiden Söhne gekocht und gebacken hat!

Vanillekipferl

280 g Mehl
210 g Butter
100 g Zucker
100 g Mandeln, Haselnüsse
oder Walnüsse, gerieben
3 Eidotter

❧

Staubzucker-Vanillezucker-
Mischung zum Wälzen

❧

1. **Aus den Zutaten rasch einen Mürbteig kneten** und 1/2 Stunde kühl rasten lassen.

2. **Den Teig vierteln.** Aus dem ersten Viertel auf der Arbeitsfläche eine Rolle formen und kleine regelmäßige Stücke abschneiden. Den restlichen Teig gleich wieder kühl stellen, so lässt er sich dann besser arbeiten. Aus den kleinen Stücken Vanillekipferl »wuzeln« und auf ein unbehandeltes Backblech setzen. Im Rohr ca. 7 Minuten backen, bis die Spitzen zu bräunen beginnen. Aus dem Rohr nehmen, ganz kurz überkühlen lassen und noch ziemlich heiß in der Staubzucker-Vanillezucker-Mischung wälzen. In einer Blechdose aufbewahren. Nach ein paar Tagen Lagerung sind die Kipferl mürb.

Witwenküsse

4 Eiklar
150 g Kristallzucker
1 Pkg. Vanillezucker
150 g Nüsse, grob gehackt
70 g getrocknete Marillen oder
Schokolade

❧

1. **Eiklar und Kristallzucker** im Schneekessel über Dampf dickschaumig schlagen, dann grob gehackte Nusskerne und grob gehackte getrocknete Marillen unterheben.

2. **Mit 2 Teelöffeln** kleine regelmäßige Häufchen aufs Blech setzen (wer mag, verwendet runde Oblaten als Unterlage für die Häufchen). Im Backrohr bei mäßiger Hitze (160 °C Heißluft) nicht zu lange backen!

Spitzbuben
(Linzer Augen)

600 g Dinkelmehl
400 g Butter
220 g Staubzucker
4 Eidotter
Marillenmarmelade

❧

1. **Aus dem Mehl,** der kühlen (aber nicht kalten) Butter, dem Staubzucker und den Eidottern rasch einen Mürbteig kneten. 1/2 Stunde kühl rasten lassen.

2. **Teig auf einer bemehlten Arbeitsfläche auswalken** und runde Kekse ausstechen. Jedes zweite Keks wird mit 3 Löchern ausgestochen. Auf ein Backblech legen und bei mittlerer Hitze (180 °C Heißluft) einige Minuten backen, bis sie hellbraun sind. Noch warm die ungelochten Keksböden mit Marmelade bestreichen und jeweils ein gelochtes Oberteil daraufsetzen. Nebeneinander auflegen und mit Staubzucker bestreuen. In Keksdosen aufbewahren.

Die Spitzbuben brauchen ein paar Tage, bis sie richtig mürbe sind.

Dinkel macht klug, sagte schon Hildegard von Bingen, die Äbtissin des Benediktinerklosters bei Bingen am Rhein, im 12. Jahrhundert.

Russische Schnitten

140 g Butter
120 g Staubzucker
4 Eidotter
4 Rippen Kochschokolade
4 Eiklar
100 g Nüsse
30 g glattes Mehl

Für die Schneehaube
3 Eiklar
200 g Kristallzucker
Nüsse, gehackt

1. **Butter abtreiben,** mit Staubzucker, Eidotter und erweichter Schokolade schaumig rühren.

2. **Die 4 Eiklar zu festem Schnee schlagen.** Schnee, Nüsse und Mehl leicht einmengen, auf ein mit Backpapier ausgelegtes Blech streichen, bei 180 °C Heißluft nicht ganz ausbacken.

3. **Für die Schneehaube die 3 Eiklar zu Schnee schlagen,** mit dem Kristallzucker gut ausschlagen, mit den gehackten Nüssen vorsichtig vermengen. Nochmals kurz ins Backrohr geben.

Londoner Schnitten
(Bärentatzen)

Für den Teig

250 g Mehl

140 g Butter

70 g Staubzucker

3 Eidotter

1 Msp. Natron

Marillen- oder
Ribiselmarmelade

❧

**Für die Auflage
(Schneehaube)**

6 Eiklar

200 g Staubzucker

150 g Walnüsse

1 EL Semmelbrösel

1 EL Rum

❧

1. **Aus Mehl, Butter, Staubzucker, Eidotter und Natron** rasch einen Mürbteig kneten. Kühl rasten lassen.

2. **Mürbteig zu einer Teigplatte in Blechgröße ausrollen** und aufs Blech legen. Den rohen Teig mit Marmelade bestreichen.

3. **Eiklar zu Schnee schlagen** und mit dem Zucker fest ausschlagen. Fein gehackte Nüsse, Semmelbrösel und Rum unterheben.

4. **Auf den Mürbteig streichen** und bei 170 °C Heißluft ca. 20 Minuten goldbraun backen. Noch warm mit einem scharfen Messer in Stücke schneiden.

Die Londoner Schnitten hat auch schon meine Großmutter gebacken. Ich laufe immer wieder Gefahr, die Marmelade zu vergessen. Ohne Marmelade sind sie jedoch nur halb so gut!

Nussmakronen (Pasticcini)

300 g geriebene Mandeln
(vorzugsweise geschälte)
300 g Staubzucker
1 Pkg. Vanillezucker
Orangenessenz
etwa 3 Eiklar

❧

ganze Mandeln, kandierte
Kirschen, Walnusshälften
usw. zum Verzieren

❧

1. **Zuerst Mandeln mit Zucker und Vanillezucker** in einer Schüssel vermischen, danach mit ein paar Tropfen der Orangenessenz verrühren.

2. **Nun das Eiklar** (ungeschlagen!) hinzufügen und mit einem Kochlöffel zu einer dickflüssigen Masse vermengen. Vorsicht: Die Masse darf nicht zu weich oder zu fest werden, daher das Eiklar langsam nach und nach zugeben!

3. **Auf ein mit Backpapier ausgelegtes Blech** kleine Häufchen platzieren, entweder mithilfe von 2 Kaffeelöffeln oder mit dem Spritzsack (großer Aufsatz). Die Makronen mittig mit Walnusshälften o. ä. verzieren.

4. **Danach unbedingt mehrere Stunden** (am besten über Nacht) antrocknen lassen und erst anschließend im Backrohr ca. 10 Minuten bei 180 °C Heißluft backen.

Mein Tipp: Die Makronen können als kurzer Vorrat in einem luftdichten Behälter aufbewahrt werden und sind für Überraschungsgäste schnell zur Hand!

Nusskugerl

180 g geriebene Walnüsse
80 g Schokolade, gerieben
150 g Staubzucker
ca. 1 Eiklar
1 EL Rum

❧

grober Kristallzucker oder
Streusel zum Wälzen

❧

1. **Alle Zutaten mit dem Kochlöffel vermengen,** Masse 1 Stunde im Kühlschrank zugedeckt rasten lassen.

2. **Mit befeuchteten Händen Kugerl formen,** in Streusel oder Kristallzucker wälzen und in die Papierschüsserl setzen.

Variante
Cognacweichseln mit der Masse umhüllen und wälzen.

Diese einfachen Nusskugerl sind bei meiner Familie der Hit bei der Weihnachtsbäckerei!

Panellets (Süße Erdäpfelbällchen)

200 g mehlige Erdäpfel
500 g Mandeln
400 g Staubzucker
Schale v. 1 unbehandelten
Zitrone
1 Ei

❧

1. **Die Erdäpfel kochen und schälen.** Durch eine Erdäpfelpresse drücken und abkühlen lassen.

2. **Mandeln, Staubzucker, Erdäpfel und die Zitronenschale mischen** und zu einer Masse verkneten. Daraus etwa 2–3 cm dicke Bällchen formen und im Ei wälzen.

3. **Die Panellets** werden bei ca. 170 °C Heißluft im Backofen goldbraun gebacken.

Variante
Die Bällchen vor dem Backen zusätzlich in gehackten Kürbiskernen oder Mandelblättchen wälzen.

Rezeptverzeichnis

Getränke

Konserviertes und Gewürzmischungen

Abkürzungen

kg Kilogramm ❧ **g** Gramm ❧ **l** Liter ❧ **ml** Milliliter ❧ **EL** Esslöffel,
Suppenlöffel ❧ **TL/KL** Teelöffel, Kaffeelöffel ❧ **Msp.** Messerspitze
❧ **Pkg.** Packung ❧ **Stk.** Stück ❧ **kl.** klein ❧ **gr.** groß

Alphabetisches Register

Damit Sie Rezepte mit bestimmten Zutaten leicht finden können, werden beliebte Zutaten wie Kürbis oder Paradeiser, aber auch seltener verwendete Kräuter wie Bohnenkraut oder Ysop zusätzlich aufgelistet. Gleich daran anschließend stehen die wichtigsten dazugehörigen Rezepte.

Kleines Wörterbuch
Österreichisch–Deutsch

auswalken	ausrollen		Palatschinke	Pfannkuchen
Bummerlsalat	Eisbergsalat		Paradeiser	Tomate
Dirndl	Kornelkirsche		Pelargonie	Geranie
Eidotter	Eigelb		Pfefferoni	Peperoni
Eiklar	Eiweiß		Polenta	Maisgrieß
Eissalat	Eisbergsalat		Porree	Lauch
Erdäpfel	Kartoffeln		Powidl	Pflaumenmus
Faschiertes	Hackfleisch		Ribiseln	Johannisbeeren
Fisolen	Grüne Bohnen		Ringlotten	Renekloden
Germ	Hefe		Rotkraut, Blaukraut	Rotkohl, Blaukohl
Heidelbeere	Blau-, Schwarzbeere		Rollgerste	Perlgraupen
Heurige	Frühkartoffeln		Rote Rüben	Rote Bete
Holler	Holunder		Rucola	Salatrauke
Karfiol	Blumenkohl		Sauerrahm	Saure Sahne, Crème fraîche
Karotte	Möhre		Schlagobers	Süße Sahne
Kochsalat	Romana, Römersalat		Schwammerln	Pilze
Kohl	Wirsing		Schwarzwurzeln	Winterspargel
Kren	Meerrettich		Semmelbröseln	Paniermehl
Kukuruz	Mais		Topfen	Quark
Marille	Aprikose		Vogerlsalat	Feldsalat, Nüssli
Maroni	Edelkastanie		Weichseln	Sauerkirschen
Melanzani	Auberginen		Weißkraut	Weißkohl
Nockerl	Klößchen		Zwetschken	Pflaumen
Orangen	Apfelsinen			

Dank

Herzlich bedanken möchte ich mich insbesondere bei meiner Familie, im Speziellen bei meinem Mann Wolfgang, unseren Söhnen Matthias und Florian, unserer Tochter Elisabeth und meiner Mutter Luise Schön. Sie alle haben mich – wo es für sie ging – bestens unterstützt. Dadurch war die Verwirklichung der *Frischen Gartenküche* eigentlich erst möglich.

Ein weiterer Dank gilt der professionellen Fotografin Rita Newman und ihrem ganz tollen Team! Es hat wirklich großen Spaß gemacht, mit ihnen zu arbeiten!

Beim letzten Fototermin in der barocken Mühle von Rita ist mir zusätzlich eine liebe Freundin, Christine Lang, zur Seite gestanden. Vielen, vielen Dank auch ihr!

Zuletzt einen besonders lieben Gruß und ein großes Danke an Anita Winkler und ihre Kolleginnen und Kollegen vom Löwenzahn Verlag.

Essen ist ein Bedürfnis,
Genießen ist eine Kunst!

François de la Rochefoucauld
(1613–1680)

Auflage:

2017	2016	2015	2014	2013
5	4	3	2	1

© 2013 by Löwenzahn in der Studienverlag Ges.m.b.H.,
Erlerstraße 10, A-6020 Innsbruck
E-Mail: loewenzahn@studienverlag.at
Internet: www.loewenzahn.at

Umschlag- und Buchgestaltung sowie grafische Umsetzung:
Stefan Rasberger und Johanna Hopfner, www.labsal.at

Fotografien: Rita Newman, außer © Stefan Körber/Fotolia.com: S. 20/21,
© Bernhard Aichner, www.fotowerk-aichner.at: S. 192/193, 230/231,
© Elisabeth Schabbauer: S. 179, 227, © Heidi Huber: S. 204/205

Gedruckt auf umweltfreundlichem, chlor- und säurefrei gebleichtem Papier.

Bibliografische Information Der Deutschen Bibliothek
Die Deutsche Bibliothek verzeichnet diese Publikation in der Deutschen
Nationalbibliografie; detaillierte bibliografische Daten sind im Internet
über <http://dnb.ddb.de> abrufbar.

978-3-7066-2529-6